DEN ULTIMATA CIABATTA CREATIONSGUIDE

100 hantverksrecept för att tillverka sega och knapriga Ciabatta hemma

Susanne Hedlund

Copyright Material ©2024

Alla rättigheter förbehållna

Ingen del av denna bok får användas eller överföras i någon form eller på något sätt utan korrekt skriftligt medgivande från utgivaren och upphovsrättsinnehavaren, förutom korta citat som används i en recension. Den här boken bör inte betraktas som en ersättning för medicinsk, juridisk eller annan professionell rådgivning.

INNEHÅLLSFÖRTECKNING

INNEHÅLLSFÖRTECKNING **3**
INTRODUKTION **6**
KLASSISK CIABATTA **7**
   1. Grundläggande Ciabatta 8
   2. Råg Ciabatta 10
   3. Surdegs Ciabatta bröd 12
   4. Ciabatta rullar 15
   5. Brödmaskin Ciabatta 18
   6. Ris Ciabatta 22
   7. Mandelmjöl Ciabatta 25
   8. Cassavamjöl Ciabatta 27
   9. Kikärtsmjöl Ciabatta 29
   10. Bovetemjöl Ciabatta 31
   11. Teffmjöl Ciabatta 33
   12. Sorghummjöl Ciabatta 35
FRUKTIG CIABATTA **37**
   13. Päron och Gorgonzola Ciabatta Pizza 38
   14. Körsbär och Mascarpone fylld Ciabatta French Toast 40
   15. Äppelkanelfyllda Ciabattarullar 42
   16. Tranbär Valnöt Fullkorn Ciabatta 44
   17. Aprikos ciabatta med honungsglasyr 47
   18. Ciabatta av blåbär och citron 50
   19. Fikon och Brie Helvete Ciabatta 53
ÖRT CIABATTA **56**
   20. Rosmarin vitlök Ciabatta 57
   21. Vitlökspersilja Ciabatta 59
   22. Rosmarin Ciabatta 61
   23. Rosmarin Helvete Ciabatta 63
NÖT CIABATTA **66**
   24. Ciabatta med nötter och russin 67
   25. Mandelvallmofrön Helvete Ciabatta 70
   26. Tranbär Macadamia Ciabatta 73
   27. Vinbär-valnöt ciabatta 76
KRYDDAD CIABATTA **79**
   28. Honungskrydda kamutbröd 80
   29. Russin kanel Helvete Ciabatta 82
   30. Chili Flakes och Paprika Ciabatta 85
   31. Gurkmeja och kummin Ciabatta 87
CHOKLAD CIABATTA **89**

32. Choklad Hasselnöt Ciabatta 90
33. Choklad apelsin Ciabatta 92
34. Dubbel choklad Ciabatta 94
35. Choklad Körsbär Mandel Ciabatta 96
36. Choklad jordnötssmör Swirl Ciabatta 98
37. Choklad Kokos Ciabatta 100
38. Chokladhallon Ciabatta 102
39. Chocolate Chip Helvete Ciabatta 104

CIABATTA MED KAFFEIN 107
40. Espresso Ciabatta 108
41. Matcha grönt te Ciabatta 110
42. Chai Spiced Ciabatta 112
43. Mocha Chip Ciabatta 114

VEGGIE CIABATTA 116
44. Svart oliv Ciabatta 117
45. Veggie ciabatta 120
46. Soltorkad Tomat Helvete Ciabatta 122
47. Och örtfullkornsciabatta 125
48. Jalapeño Helvete Ciabatta 128
49. Cheddar och gräslök Helvete Ciabatta 131
50. Pesto och Mozzarella Helvete Ciabatta 134

CIABATTA SMÖRGÅR 137
51. Caprese Ciabatta smörgås 138
52. Grillad kyckling Pesto Ciabatta smörgås 140
53. Italiensk Ciabatta smörgås 142
54. Medelhavet Veggie Ciabatta smörgås 144
55. Kalkon Tranbär Ciabatta smörgås 146
56. Aubergine Parmesan Ciabatta smörgås 148
57. Rostbiff och pepparrot Ciabatta smörgås 150
58. Tonfisksallad Ciabatta smörgås 152
59. Mozzarella Pesto Veggie Ciabatta smörgås 154
60. Rökt lax och färskostsmörgås 156
61. BBQ Pulled Pork Ciabatta Sandwich 158
62. Grekisk kyckling Ciabatta smörgås 160
63. Biff och karamelliserad löksmörgås 162
64. Avokado Chicken Caesar Ciabatta smörgås 164
65. Buffalo Chicken Ciabatta smörgås 166
66. Muffuletta Ciabatta smörgås 168
67. Glaserad Portobellosvampsmörgås 170
68. Tofu Banh Mi Ciabatta smörgås 172
69. Italiensk korv och paprika Ciabatta smörgås 174
70. Ciabatta Steak Sandwich 176
71. Ciabatta Prosciutto Smörgås 178

FYLLD CIABATTA 180

72. Caprese fylld Ciabatta 181
73. Spenat och kronärtskocka fylld Ciabatta 183
74. Medelhavsfylld Ciabatta 185
75. Ciabatta bröd med tre ostar 187
76. Italiensk köttbulle fylld Ciabatta 189
77. Cajun räkor fyllda Ciabatta 191
78. Spenat och kronärtskocka Cheesy Ciabatta bröd 193
79. BBQ Pulled Pork Fylld Ciabatta 195
80. Kyckling Caesar fylld Ciabatta 197
81. Ostig vitlöksört Ciabatta bröd 199
82. Tacofylld Ciabatta 201
83. Rostbiff och pepparrot fylld Ciabatta 203
84. Buffalo Chicken Fylld Ciabatta 205
85. Pesto kyckling fylld Ciabatta 207
86. Jalapeño Popper Cheesy Ciabatta bröd 209
87. Rökt lax och färskost Ciabatta 211
88. BLT fylld Ciabatta 213
89. Äggsallad fylld Ciabatta 215
90. Veggie och hummus fylld Ciabatta 217
91. Jordgubbe Ciabatta 219
92. Fig Ciabatta 221
93. Äppel Ciabatta 223
94. Persika och basilika Ciabatta 225
95. Hallon- och getost Ciabatta 227
96. Grape och Gorgonzola Ciabatta 229
97. Päron och valnöt Ciabatta 231
98. Mango Ciabatta 233
99. Blackberry och Ricotta Ciabatta 235
100. Skinka, ost och örtciabatta 237

SLUTSATS 240

INTRODUKTION

Välkommen till "DEN ULTIMATA CIABATTA CRE ATIONSGUIDE", där vi ger oss ut på en resa för att bemästra konsten att tillverka sega och knapriga ciabattabröd direkt i ditt eget hem. Ciabatta, med sin distinkta sega interiör och krispiga skorpa, är ett älskat italienskt bröd som har fängslat hjärtan och smaker hos brödentusiaster runt om i världen. I den här kokboken hyllar vi ciabattans skönhet och mångsidighet med 100 hantverksrecept som kommer att inspirera dig att bli en brödbakande maestro.

I den här kokboken kommer du att upptäcka en mängd recept som visar upp ciabattabrödets oändliga möjligheter. Från klassiska bröd och rustika frallor till innovativa smörgåsar och dekadenta desserter, varje recept är framtaget för att framhäva den unika konsistensen och smaken av detta älskade bröd. Oavsett om du är en nybörjarbagare eller ett erfaret proffs, kommer dessa recept att guida dig genom processen att skapa äkta ciabattabröd som konkurrerar med de som finns i hantverksbagerier.

Det som utmärker "DEN ULTIMATA CIABATTA CRE ATIONSGUIDE" är dess betoning på hantverk och teknik. Med detaljerade instruktioner, användbara tips och steg-för-steg-guider lär du dig hemligheterna för att uppnå den perfekta balansen mellan seghet och knaprighet som definierar fantastiskt ciabattabröd. Oavsett om du knådar degen för hand eller använder en stavmixer, formar bröden eller skär skorpan, är varje steg avgörande för att skapa perfektion av ciabatta.

I den här kokboken hittar du praktiska råd om ingredienser, utrustning och baktekniker som hjälper dig att uppnå resultat av professionell kvalitet varje gång. Oavsett om du bakar för din familj, är värd för en middagsbjudning eller helt enkelt unnar dig en hemlagad godbit, kommer "DEN ULTIMATA CIABATTA CRE ATIONSGUIDE" att ge dig möjlighet att släppa lös din kreativitet och bli en mästare av brödbakare i ditt eget kök.

KLASSISK CIABATTA

1.Grundläggande Ciabatta

INGREDIENSER:
- 4 dl brödmjöl
- 2 tsk snabbjäst
- 2 tsk salt
- 1 ½ dl ljummet vatten
- Olivolja (för smörjning)

INSTRUKTIONER:
a) I en stor blandningsskål, kombinera brödmjöl, snabbjäst och salt. Blanda väl.
b) Tillsätt gradvis det ljumna vattnet till de torra ingredienserna, rör om med en sked eller händerna tills en kladdig deg bildas.
c) Täck skålen med en ren kökshandduk och låt degen vila i ca 15 minuter.
d) Efter vila, olja lätt en ren arbetsyta och händerna för att förhindra att den fastnar. För över degen på ytan.
e) Börja knåda degen genom att vika den över sig själv, sträcka ut den och sedan vika den igen. Upprepa denna process i cirka 10-15 minuter, eller tills degen blir smidig, elastisk och mindre klibbig.
f) Lägg den knådade degen i en lätt oljad bunke, täck den med en kökshandduk och låt den jäsa på en varm plats i ca 1-2 timmar, eller tills den fördubblats i storlek.
g) När degen har jäst, lägg den försiktigt på en mjölad yta. Var noga med att inte tömma den för mycket.
h) Dela degen i två lika stora delar och forma varje del till en långsträckt oval form, som liknar en toffel eller en sandal. Lägg bröden på en plåt klädd med bakplåtspapper.
i) Täck bröden med en kökshandduk och låt dem jäsa ytterligare 30-45 minuter, eller tills de synbart expanderar.
j) Värm ugnen till 220°C (425°F).
k) Valfritt: Använd en vass kniv eller ett rakblad och gör diagonala snitt över toppen av varje bröd för att skapa ett rustikt mönster.
l) Ställ in plåten med bröden i den förvärmda ugnen och grädda i cirka 20-25 minuter, eller tills brödet blir gyllenbrunt och låter ihåligt när du knackar på botten.
m) När de är gräddade tar du ut ciabattan från ugnen och låt dem svalna på galler innan du skivar och serverar.

2.Råg Ciabatta

INGREDIENSER:
- 7 oz. (200 g) vetesurdegsförrätt
- ½ kopp (50 g) fint rågmjöl
- 4 koppar (500 g) vetemjöl
- cirka. 1⅔ koppar (400 ml) vatten, rumstemperatur
- ½ matskedar (10 g) salt
- olivolja till skålen

INSTRUKTIONER:
a) Blanda alla ingredienser utom saltet och knåda väl. Tillsätt saltet.
b) Lägg degen i en smord mixerbunke. Täck med plastfilm och låt degen stå i kylen över natten.
c) Nästa dag, häll försiktigt upp degen på ett bakbord.
d) Vik ihop degen och låt den stå i kylen i cirka 5 timmar, vik degen igen en gång i timmen.
e) Häll upp degen på bordet. Skär den i bitar som är ungefär 2 × 6 tum (10 × 15 cm) och lägg dem på en smord plåt. Låt dem jäsa i kylen ytterligare 10 timmar. Det är därför det tar cirka 2 dagar att göra detta bröd.
f) Initial ugnstemperatur: 475°F (250°C)
g) Sätt in bröden i ugnen. Strö en kopp vatten på golvet i ugnen. Sänk temperaturen till 400°F (210°C) och grädda i ca 15 minuter.
h) Vik ihop degen och låt den stå i kylen ca 5 timmar. Upprepa vikningen en gång i timmen under denna tidsperiod.
i) Lägg degen på den mjölade ytan och sträck ut den.
j) Skär degen i bitar som är cirka 2 × 6 tum (10 × 15 cm).

3.Surdegs Ciabatta bröd

INGREDIENSER:
- 360 gram (ca 1,5 dl) vatten
- 12 gram (ca 2 tsk) salt
- 100 gram (ca 1/2 dl) aktiv surdegsförrätt
- 450 gram (ca 3,5 dl) brödmjöl

INSTRUKTIONER:
BLANDA DEGEN:
a) Häll vattnet i en stor skål. Tillsätt saltet och rör om kort.
b) Tillsätt förrätten och rör om kort så att den blandas. Tillsätt mjölet och rör om tills du har en blöt, kladdig degboll. Knåda kort med händerna om det behövs för att få in mjölet. Täck med en kökshandduk eller tygskål och låt stå i 30 minuter.
c) Sträcker och veck: Med våta händer, ta tag i ena sidan av degen och dra uppåt och till mitten. Vrid skålen ett kvarts varv och upprepa greppet och draget. Gör detta tills du har gjort en hel cirkel.
d) Täck skålen. Upprepa denna process ytterligare tre gånger med 30 minuters intervall för totalt 4 uppsättningar av sträckningar och veck under loppet av två timmar.

BULKJÄSNING:
e) Överför degen till ett kärl med rak sida. Täck kärlet med en handduk. Låt jäsa i rumstemperatur tills degen nästan fördubblats i volym (skjut till 75 % ökning i volym). Tiderna kommer att variera beroende på din miljö och styrkan på din starter.
f) Täck kärlet med ett lock (helst) eller en handduk (om du använder en handduk, stryk på toppen av degen med olja för att förhindra att den torkar ut.) Lägg till kylen i 12-24 timmar.

FORM:
g) Ta bort kärlet från kylen. Ta bort locket. Strö toppen av degen rikligt med mjöl. Vänd ut degen på en mjölad arbetsyta. Klappa degen till en rektangel.
h) Strö toppen med mjöl. Använd en bänkskrapa för att halvera degen vertikalt. Gör sedan tre snitt med lika mellanrum i varje halva för att skapa 8 små rektanglar.

i) Klä en plåt med bakplåtspapper. Med mjölade händer, överför varje rektangel till den förberedda pannan, dra försiktigt utåt. Täck pannan med en handduk. Låt stå i en timme.

BAKA:

j) Värm ugnen till 475ºF. Överför pannan till ugnen och grädda i 10 minuter. Sänk värmen till 450ºF, rotera pannan och grädda i 10 minuter till. Ta bort pannan från ugnen.

k) Överför ciabattarullarna till ett galler som svalnar. Låt svalna i 20 till 30 minuter innan du skär upp.

4.Ciabatta rullar

INGREDIENSER:
- 1 tsk snabbjäst
- 240 gram vatten i rumstemperatur (ca 1 kopp)
- 300 gram universalmjöl (cirka 2,5 koppar)
- 1 tsk salt

INSTRUKTIONER:
FÖRBERED DEGEN (1 TIMMES YKNINGSTID):
a) I en liten kopp, lös snabbjäst i ljummet vatten och rör om för att blanda ihop (blandningen ska börja bubbla och utveckla en jästaktig arom). Låt det sitta i 2 minuter.
b) I en stor skål, tillsätt mjöl och salt. Häll i jästblandningen och vispa tills det är helt blandat, skrapa ner sidorna av skålen (det ska inte finnas några torra mjölpartiklar synliga). Blandningen är mycket klibbig och våt, med 80 % hydratisering (förhållande mellan mjöl och vatten).
c) Täck skålen med plastfolie och låt stå i rumstemperatur i 1 timme
STRÄCK OCH VIK DEGEN (1,5 TIMMES YKNINGSTID):
d) Applicera lite vatten på händerna och sträck ut och vik degen i skålen genom att vika in kanterna i mitten, en kant i taget. Våta händer gör det lättare att arbeta med degen och det bör ta dig mindre än en minut att vika alla 4 sidorna. Täck med plastfolie och låt degen vila i 30 minuter.
e) Upprepa detta sträck- och viksteg, täck sedan med plastfolie och låt degen vila i ytterligare 30 minuter. Upprepa sedan sträckningen och vik steget en sista gång och låt det vila i ytterligare 30 minuter. Efter 3 omgångar av stretch och veck med 30 minuters viloperiod kommer degen att jäsa och vara ungefär dubbelt så stor.
FORMA DEGEN (40 MINUTERS JÄKNINGSTID):
f) Överför degen till en mjölad yta. Observera att degen fortfarande blir väldigt kladdig och det är okej. Strö degen med lite mjöl och forma den till en rektangel genom att försiktigt dra degen underifrån. Var noga med att inte trycka på degen eftersom lufthålen som fastnat inuti kan pressas ut.
g) Rulla degen till en stock och tryck till kanten för att täta. Dela den kavlade degen i 4-5 lika delar, och lägg varje bit med minst två

centimeter från varandra, på en väl mjölad arbetsyta. Låt degen vila i ca 40 minuter. Detta kallas den slutliga korrekturen.

BAKA CIABATTA RULLAR:

h) Överför försiktigt varje deg på en bakplåtspappersklädd 8x12-tums bakplåt. Eftersom degen fortfarande är ganska klibbig, pudra med mjöl för att hjälpa till att hantera den. Avsätta.

i) Fyll en ugnsform med vatten och placera den i botten av ugnen. Värm ugnen till 420 F och låt den fyllas med ånga från vattnet. När ugnen är klar, skjut in bakplåten och spraya genast lite vatten över degen. Grädda i 20 minuter.

j) Låt brödet svalna i 20 minuter.

k) För att kontrollera om brödet är färdigt kan du knacka på botten av brödet med fingret. Bröden kommer att låta ihåliga när de är färdiga.

5.Brödmaskin Ciabatta

INGREDIENSER:
BIGA
- ⅛ tesked snabb- eller brödmaskinjäst
- ½ kopp (114 g) vatten, kyl
- 1 kopp (120 g) oblekt universalmjöl

CIABATTA DEG
- ½ kopp (114 g) vatten, kyl
- ¼ kopp (57 g) mjölk, kall
- 1½ tesked bords- eller havssalt
- 2 koppar (240 g) oblekt universalmjöl
- ½ tesked snabb- eller brödmaskinjäst
- mjöl eller mannagryn för att mjöla brädan och händerna

INSTRUKTIONER:
BLANDA BIGA

a) Kombinera ⅛ tesked snabbjäst eller brödmaskinjäst, ½ kopp (114 g) vatten, kall och 1 kopp (120 g) oblekt universalmjöl i brödmaskinsformen. (Använd en annan behållare om du inte vill binda upp din brödmaskin så länge.) Välj DEG-cykeln och slå på den i cirka 5 minuter för att blanda ingredienserna. Använd en liten spatel för att skrapa överflödigt mjöl från hörnen i den blöta mjölblandningen. Stäng av eller koppla ur maskinen och låt stå i 12-24 timmar.

b) Om du inte använder biga inom 24 timmar, placera den skummande blandningen i kylskåpet. Smaken blir bara bättre – upp till 3-4 dagar. Låt bigan komma till rumstemperatur innan du fortsätter till nästa steg.

BLANDNING AV CIABATTA-DEGEN

c) I den ordning som anges, tillsätt ½ kopp (114 g) vatten, kallt, ¼ kopp (57 g) mjölk, kallt, 1½ tesked bords- eller havssalt, 2 koppar (240 g) oblekt universalmjöl och ½ tesked instant eller bröd bearbeta jäst till biga i din brödmaskin.

d) Välj DOUGH-cykeln och tryck på start. Efter 15-20 minuter öppnar du locket och kontrollerar degen. Degen ska börja se blank ut men blir fortfarande kladdig. Degen kommer att slingra sig runt paddeln.

e) Om degen inte fastnar på sidorna alls, tillsätt vatten 1 matsked åt gången. Om degen mer ser ut som en tjock pannkakssmet, tillsätt extra

mjöl 1 matsked åt gången. Om du har vägt ditt mjöl på rätt sätt kommer förhoppningsvis inga justeringar att behövas.
f) När knådningen slutar, ta bort pannan från maskinen. Låt inte DEGEN avslutas som du normalt skulle göra.
g) Spraya lätt en 3-quart fyrkantig eller rektangulär behållare med olja. Använd en borste eller handen för att täcka insidan av behållaren.
h) Använd en smord spatel för att ta bort den klibbiga degen från brödmaskinen i en väl smord plastbehållare. Olja in alla ytor på degen genom att vända på degen med spateln.
i) Täck över och låt degen jäsa i rumstemperatur. Försök inte att skynda på det. Låt degen jäsa till dubbelt. Detta gör att det tar en timme eller längre om rummet är kallt.
j) Använd en smord spatel, skjut in den under degen i hörnen och lyft varje hörn och varje sida upp och till mitten.
k) Täck och låt sitta i 30 minuter.
l) Upprepa föregående steg för att lyfta degens hörn mot mitten. Låt återigen degen vila i 30 minuter. Detta hjälper till att säkerställa en hålig konsistens

FORMNING AV CIABATTA-DEGEN
m) Använd mjöl eller mannagryn för att mjöla brädan och händerna. Töm degen genom att vända behållaren upp och ner på en bräda eller arbetsyta. Degen ska ha samma allmänna kvadratiska eller rektangulära form som behållaren den jäsade i. STÅNDA INTE NER DEGEN som vanlig bröddeg.
n) Spraya eller bestryka en bänkskrapa (eller stor kniv) med olivolja. Använd den för att dela degens rektangel på mitten på långa håll.
o) Fånga de långa innerkanterna av varje bröd med den oljade bänkskrapan och dra upp den över toppen ungefär halvvägs och mot ytterkanten. Detta lämnar mer utrymme mellan varje bröd.
p) Fånga nu upp ytterkanten av varje bröd (den som ser ut att vara på väg att ramla av brickan vid det här laget) med bänkskrapan. Återigen, dra upp den över limpan ungefär halvvägs i riktning mot mitten av brickan.
q) Räta till och rensa upp formen med en bänkkniv. Använd dina välsmorda eller mjölade fingrar (som om du skulle spela piano) för att fördjupa ytan på degen.

ANDRA UPPFÖRINGEN OCH GÄRNA

r) Om du använder en silikonmatta, överför eller dra mattan med de formade bröden på en bakplåt utan kant.

s) Om du inte använder en silikonmatta, använd rikligt mjölade händer för att försiktigt överföra de två cylindrarna med deg till en förberedd bakplåt.

t) Täck bröden så att degen inte torkar ut och bildar en skorpa. Du kan också spraya en stor bit plastfolie med olja och täcka bröden med den.

u) Värm ugnen till 450°F (230°C).

v) Låt bröden vila i ca 30-45 minuter eller tills de blir pösiga.

w) Spritsa bröden med vatten med en sprayflaska. Grädda vid 450°F (230°C) i 18-20 minuter. Spraya bröd en eller två gånger till under de första 5 minuterna av gräddningen. Gör det snabbt så att din ugn inte tappar för mycket värme.

x) Bröden är färdiga när skorpan är gyllenbrun och innertemperaturen når 210°F (98°C).

y) Låt bröden svalna på galler i minst en timme innan de skivas.

6.Ris Ciabatta

INGREDIENSER:
GLUTENFRI MJÖLBLANDNING FÖR ALLTID
- 6 dl stenmalet vitt rismjöl
- 3 1/4 dl sorghummjöl
- 1 3/4 dl tapiokamjöl eller stärkelse
- 1 1/4 dl potatisstärkelse
- 1/4 kopp xantangummi eller psylliumskalpulver

GLUTENFRITT CIABATTABRÖD
- 6 1/2 koppar glutenfri all-purpose mjölblandning
- 1 msk snabbjäst eller torr aktiv jäst
- 1 till 1 1/2 matskedar grovt koshersalt
- 2 matskedar raffinerat socker
- 3 3/4 dl ljummet vatten
- bakplåtspapper eller majsmjöl

INSTRUKTIONER:
GLUTENFRI MJÖLBLANDNING FÖR ALLTID
a) Vispa och blanda ingredienserna i en behållare med lock på 5 till 6 liter.
b) Avsluta med att ta upp behållaren och skaka kraftigt tills mjölet är helt blandat.

GLUTENFRITT CIABATTABRÖD
c) Vispa ihop mjöl, jäst, salt och socker i en 5 till 6-liters skål eller stående mixer.
d) Tillsätt det ljumna vattnet — ljummet vatten (100ºF) låter degen jäsa till rätt punkt för förvaring på cirka 2 timmar.
e) Blanda med paddelfästet på mixern tills blandningen är mycket slät, i ungefär en minut. Alternativt, använd en sked eller spatel, blanda väl för hand i en till två minuter. Knådning är inte nödvändig. Överför blandningen till lock (ej lufttät) matbehållare.
f) Täck med ett lock som passar bra till behållaren men som kan spräckas upp så att det inte är helt lufttätt. Plastfolie är också bra. Låt blandningen jäsa vid rumstemperatur ca 2 timmar; kyl den sedan och använd under de kommande 10 dagarna. Du kan använda en del av degen när som helst efter 2-timmarsjäsningen. Helkyld våt deg är mindre klibbig och lättare att arbeta med än deg i rumstemperatur,

men vad du än gör, slå inte ner degen – det är onödigt med glutenfritt brödbak.

g) På bakningsdagen: dra av en degbit på 1 pund (grapefruktstorlek) och lägg den sedan på ett pizzaskal förberett med mycket majsmjöl eller på en stor bit bakplåtspapper. Tryck försiktigt ut degen till en långsträckt oval av en 3/4-tums tjocklek som mäter cirka 9-tum med 5-tum. Använd blöta fingrar för att jämna till ytan. Pudra toppen med rismjöl och täck löst med plastfolie eller en vält skål.

h) Låt den vila i rumstemperatur i 30 minuter. Degen kommer inte att se ut som om den har jäst mycket efter de 30 minuterna - detta är normalt. Ta bort plastfolien och pudra över mer mjöl om det mesta har lossnat eller sugits upp.

i) Medan degen vilar, förvärm en baksten eller bakstål nära mitten av ugnen inställd på 450ºF i 30 minuter. Alternativt, förvärm en holländsk ugn med lock i 45 minuter vid 450ºF. Om du använder stenen eller stålet, placera en tom broilerbricka i metall för att hålla vatten på hyllan under stenen eller stålet.

j) Skjut limpan på den förvärmda stenen. Häll snabbt och försiktigt 1 kopp varmt vatten från kranen i metallbrickan och stäng ugnsluckan för att fånga upp ångan. Om du använder bakplåtspapper på stålet eller stenen, ta bort det efter 20 minuter. Grädda limpan i totalt 35 minuter. Alternativt kan du använda bakplåtspappret som handtag och försiktigt sänka ner det degtoppade bakplåtspappret i den förvärmda grytan. Täck över och sätt in i ugnen. Inget behov av ett ångbad med den holländska ugnen. Om du använder det förvärmda kärlet, ta av locket efter 30 minuter och grädda i 5 minuter längre utan lock eller tills skorpan är rikligt brun.

k) Låt brödet svalna helt, ca 2 timmar, på galler. Glutenfritt bröd behöver svalna i hela två timmar för att stelna helt.

l) Förvara återstående deg i kylen i din lock eller löst plastförpackad behållare och använd den under de kommande 10 dagarna. Om din behållare inte är ventilerad, låt gaser rinna ut genom att lämna locket öppet under de första dagarna i kylen. Efter det kan den stängas.

7.Mandelmjöl Ciabatta

INGREDIENSER:
- 2 dl mandelmjöl
- 1/2 kopp kokosmjöl
- 2 1/4 tsk aktiv torrjäst (1 paket)
- 1 tsk salt
- 1 1/2 dl varmt vatten
- 1 msk honung (eller valfritt sötningsmedel)
- 2 matskedar olivolja
- 1 tsk xantangummi (valfritt)

INSTRUKTIONER:
a) I en stor blandningsskål, kombinera mandelmjöl, kokosmjöl, aktiv torrjäst och salt. Blanda dem väl.
b) Blanda det varma vattnet, honung (eller ditt valda sötningsmedel) och olivolja i en separat skål. Rör om tills honungen är upplöst.
c) Häll den blöta blandningen i de torra ingredienserna och blanda ihop dem tills en deg bildas. Om så önskas kan du lägga till xantangummi vid denna tidpunkt för bättre konsistens, men det är valfritt.
d) När degen är väl blandad formar du den till en ciabattaform på en plåt klädd med bakplåtspapper.
e) Värm ugnen till 350°F (175°C).
f) Låt ciabattan jäsa ca 20 minuter. Du kan täcka den med en ren kökshandduk under denna tid.
g) Efter jästiden bakar du ciabattan i den förvärmda ugnen i cirka 35-40 minuter, eller tills den är gyllenbrun på utsidan och låter ihålig när du knackar på den.
h) Låt ciabattan svalna innan den skivas och serveras.

8. Cassavamjöl Ciabatta

INGREDIENSER:
- 2 dl kassavamjöl
- 1 kopp tapiokamjöl
- 2 1/4 tsk aktiv torrjäst (1 paket)
- 1 tsk salt
- 1 1/2 dl varmt vatten
- 1 matsked socker
- 2 matskedar olivolja
- 1 tsk xantangummi (valfritt)

INSTRUKTIONER:

a) I en stor blandningsskål, kombinera kassavamjöl, tapiokamjöl, aktiv torrjäst och salt. Blanda dem ordentligt.
b) Blanda det varma vattnet, sockret och olivoljan i en separat skål. Rör om tills sockret är helt upplöst.
c) Häll den blöta blandningen i skålen med de torra ingredienserna och blanda ihop dem tills en deg bildas. Om du vill kan du lägga till xantangummi vid denna tidpunkt för förbättrad konsistens, men det är valfritt.
d) När degen är väl blandad formar du den till en ciabatta på en plåt klädd med bakplåtspapper.
e) Värm ugnen till 350°F (175°C).
f) Låt ciabattan jäsa ca 20 minuter. Du kan täcka den med en ren kökshandduk under denna tid.
g) Efter jästiden bakar du ciabattan i den förvärmda ugnen i cirka 35-40 minuter, eller tills den är gyllenbrun på utsidan och låter ihålig när du knackar på den.
h) Låt ciabattan svalna innan den skivas och serveras.

9.Kikärtsmjöl Ciabatta

INGREDIENSER:
- 2 dl kikärtsmjöl
- 1/2 kopp potatisstärkelse
- 2 1/4 tsk aktiv torrjäst (1 paket)
- 1 tsk salt
- 1 1/2 dl varmt vatten
- 1 matsked socker
- 2 matskedar olivolja
- 1 tsk xantangummi (valfritt)

INSTRUKTIONER:
a) Kombinera kikärtsmjöl, potatisstärkelse, aktiv torrjäst och salt i en stor blandningsskål. Blanda dem ordentligt.
b) Blanda det varma vattnet, sockret och olivoljan i en separat skål. Rör om tills sockret är helt upplöst.
c) Häll den blöta blandningen i skålen med de torra ingredienserna och blanda ihop dem tills en deg bildas. Om du vill kan du lägga till xantangummi vid denna tidpunkt för förbättrad konsistens, men det är valfritt.
d) När degen är väl blandad formar du den till en ciabatta på en plåt klädd med bakplåtspapper.
e) Värm ugnen till 350°F (175°C).
f) Låt ciabattan jäsa ca 20 minuter. Du kan täcka den med en ren kökshandduk under denna tid.
g) Efter jästiden bakar du ciabattan i den förvärmda ugnen i cirka 35-40 minuter, eller tills den är gyllenbrun på utsidan och låter ihålig när du knackar på den.
h) Låt ciabattan svalna innan den skivas och serveras.

10.Bovetemjöl Ciabatta

INGREDIENSER:
- 2 dl bovetemjöl
- 1 kopp brunt rismjöl
- 2 1/4 tsk aktiv torrjäst (1 paket)
- 1 tsk salt
- 1 1/2 dl varmt vatten
- 1 msk honung (eller valfritt sötningsmedel)
- 2 matskedar olivolja
- 1 tsk xantangummi (valfritt)

INSTRUKTIONER:
a) I en stor blandningsskål, kombinera bovetemjöl, brunt rismjöl, aktiv torrjäst och salt. Blanda dem ordentligt.
b) Blanda det varma vattnet, honung (eller ditt valda sötningsmedel) och olivolja i en separat skål. Rör om tills honungen är helt upplöst.
c) Häll den blöta blandningen i skålen med de torra ingredienserna och blanda ihop dem tills en deg bildas. Om du vill kan du lägga till xantangummi vid denna tidpunkt för förbättrad konsistens, men det är valfritt.
d) När degen är väl blandad formar du den till en ciabatta på en plåt klädd med bakplåtspapper.
e) Värm ugnen till 350°F (175°C).
f) Låt ciabattan jäsa ca 20 minuter. Du kan täcka den med en ren kökshandduk under denna tid.
g) Efter jästiden bakar du ciabattan i den förvärmda ugnen i cirka 35-40 minuter, eller tills den är gyllenbrun på utsidan och låter ihålig när du knackar på den.
h) Låt ciabattan svalna innan den skivas och serveras.

11. Teffmjöl Ciabatta

INGREDIENSER:
- 2 dl teffmjöl
- 1 kopp tapiokamjöl
- 2 1/4 tsk aktiv torrjäst (1 paket)
- 1 tsk salt
- 1 1/2 dl varmt vatten
- 1 matsked socker
- 2 matskedar olivolja
- 1 tsk xantangummi (valfritt)

INSTRUKTIONER:

a) I en stor blandningsskål, kombinera teffmjöl, tapiokamjöl, aktiv torrjäst och salt. Blanda dem ordentligt.

b) Blanda det varma vattnet, sockret och olivoljan i en separat skål. Rör om tills sockret är helt upplöst.

c) Häll den blöta blandningen i skålen med de torra ingredienserna och blanda ihop dem tills en deg bildas. Om du vill kan du lägga till xantangummi vid denna tidpunkt för förbättrad konsistens, men det är valfritt.

d) När degen är väl blandad formar du den till en ciabatta på en plåt klädd med bakplåtspapper.

e) Värm ugnen till 350°F (175°C).

f) Låt ciabattan jäsa ca 20 minuter. Du kan täcka den med en ren kökshandduk under denna tid.

g) Efter jästiden bakar du ciabattan i den förvärmda ugnen i cirka 35-40 minuter, eller tills den är gyllenbrun på utsidan och låter ihålig när du knackar på den.

h) Låt ciabattan svalna innan den skivas och serveras.

12. Sorghummjöl Ciabatta

INGREDIENSER:
- 2 dl sorghummjöl
- 1 dl potatisstärkelse
- 2 1/4 tsk aktiv torrjäst (1 paket)
- 1 tsk salt
- 1 1/2 dl varmt vatten
- 1 matsked socker
- 2 matskedar olivolja
- 1 tsk xantangummi (valfritt)

INSTRUKTIONER:

a) Kombinera durramjöl, potatisstärkelse, aktiv torrjäst och salt i en stor blandningsskål. Blanda dem ordentligt.
b) Blanda det varma vattnet, sockret och olivoljan i en separat skål. Rör om tills sockret är helt upplöst.
c) Häll den blöta blandningen i skålen med de torra ingredienserna och blanda ihop dem tills en deg bildas. Om du vill kan du lägga till xantangummi vid denna tidpunkt för förbättrad konsistens, men det är valfritt.
d) När degen är väl blandad formar du den till en ciabatta på en plåt klädd med bakplåtspapper.
e) Värm ugnen till 350°F (175°C).
f) Låt ciabattan jäsa ca 20 minuter. Du kan täcka den med en ren kökshandduk under denna tid.
g) Efter jästiden bakar du ciabattan i den förvärmda ugnen i cirka 35-40 minuter, eller tills den är gyllenbrun på utsidan och låter ihålig när du knackar på den.
h) Låt ciabattan svalna innan den skivas och serveras.

FRUKTIG CIABATTA

13. Päron och Gorgonzola Ciabatta Pizza

INGREDIENSER:
- 1 sats grundläggande ciabatta-deg
- 2 mogna päron, tunt skivade
- 1/2 kopp smulad Gorgonzola ost
- 2 matskedar honung
- 1/4 kopp hackade valnötter
- Färska timjanblad till garnering

INSTRUKTIONER:
a) Värm ugnen till 425°F (220°C).
b) Förbered den grundläggande ciabatta-degen enligt ditt favoritrecept.
c) När degen har jäst, slå ner den och dela den i två lika stora delar.
d) Kavla ut varje degdel till en tunn cirkel på mjölad yta.
e) Lägg över den utkavlade degen till en bakplåtspappersklädd plåt.
f) Ringla honung jämnt över ytan av varje degcirkel.
g) Lägg de tunt skivade päronen ovanpå honungen.
h) Strö smulad gorgonzolaost och hackade valnötter över päronen.
i) Grädda i den förvärmda ugnen i 15-20 minuter, eller tills ciabattaskorpan är gyllenbrun och krispig.
j) Ta ut ur ugnen och låt svalna något innan du skär upp.
k) Garnera med färska timjanblad innan servering.

14. Körsbär och Mascarpone fylld Ciabatta French Toast

INGREDIENSER:
- 1 sats grundläggande ciabatta-deg
- 1 dl urkärnade körsbär, halverade
- 4 uns mascarponeost
- 4 stora ägg
- 1/2 kopp mjölk
- 2 matskedar strösocker
- 1 tsk vaniljextrakt
- Lönnsirap till servering

INSTRUKTIONER:
a) Värm ugnen till 375°F (190°C).
b) Förbered den grundläggande ciabatta-degen enligt ditt favoritrecept.
c) När degen har jäst, slå ner den och dela den i fyra lika stora delar.
d) Kavla ut varje degdel till en liten rektangel på en mjölad yta.
e) Fördela mascarponeost jämnt över hälften av varje rektangel av deg.
f) Lägg körsbärshalvorna ovanpå mascarponeosten.
g) Vik den andra halvan av degen över fyllningen till en ficka och förslut kanterna.
h) I en grund form, vispa ihop ägg, mjölk, strösocker och vaniljextrakt för att göra French toast-smeten.
i) Doppa varje fylld ciabattaficka i den franska toastsmeten, täck båda sidorna.
j) Lägg de fyllda ciabattafickorna på en bakplåtspappersklädd plåt.
k) Grädda i den förvärmda ugnen i 20-25 minuter, eller tills ciabattan är gyllenbrun och genomstekt.
l) Servera varm med lönnsirap.

15.Äppelkanelfyllda Ciabattarullar

INGREDIENSER:

- 1 sats grundläggande ciabatta-deg
- 2 äpplen, skalade, urkärnade och tärnade
- 2 msk osaltat smör
- 1/4 kopp farinsocker
- 1 tsk mald kanel
- 1/4 tsk mald muskotnöt
- 1 msk citronsaft
- Pulversocker för att pudra (valfritt)

INSTRUKTIONER:

a) Värm ugnen till 375°F (190°C).

b) Förbered den grundläggande ciabatta-degen enligt ditt favoritrecept.

c) Smält smöret i en stekpanna på medelvärme. Tillsätt de tärnade äpplena och koka tills de mjuknat, ca 5-7 minuter.

d) Rör ner farinsocker, mald kanel, mald muskotnöt och citronsaft. Koka i ytterligare 2-3 minuter tills blandningen är karamelliserad och doftande. Ta bort från värmen och låt svalna något.

e) Dela ciabatta-degen i små portioner. Platta ut varje del till en cirkel.

f) Sked äppelblandningen på mitten av varje ciabattacirkel.

g) Vik kanterna på ciabatta-degen över äppelfyllningen, nyp kanterna för att täta och forma en boll.

h) Lägg de fyllda ciabattarullarna på en bakplåtspappersklädd plåt.

i) Grädda i den förvärmda ugnen i 15-20 minuter, eller tills rullarna är gyllenbruna och genomstekta.

j) Ta ut ur ugnen och låt svalna något. Pudra över strösocker före servering, om så önskas.

16. Tranbär Valnöt Fullkorn Ciabatta

INGREDIENSER:
- 1 1/2 koppar varmt vatten (110°F eller 45°C)
- 2 1/4 tsk aktiv torrjäst (1 paket)
- 1 tsk socker
- 3 1/2 dl fullkornsmjöl
- 1 1/2 tsk salt
- 1/2 kopp torkade tranbär
- 1/2 kopp hackade valnötter
- 1 msk olivolja
- Majsmjöl eller mannagryn (för att pudra)

INSTRUKTIONER:
a) I en liten skål, kombinera det varma vattnet, jäst och socker. Låt stå i ca 5-10 minuter tills blandningen blir skum.
b) Kombinera hela vetemjölet och saltet i en stor mixerskål. Gör en brunn i mitten av mjölblandningen.
c) Häll jästblandningen och olivoljan i brunnen i mjölet.
d) Rör ihop ingredienserna tills en deg bildas.
e) Knåda degen på mjölat underlag i ca 8-10 minuter tills den blir slät och elastisk. Du kan tillsätta lite mer mjöl om degen är för kladdig.
f) Lägg degen i en lätt oljad bunke, täck den med en ren trasa eller plastfolie och låt den jäsa på en varm, dragfri plats i ca 1 timme eller tills den har dubbelt så stor storlek.
g) Värm ugnen till 450°F (230°C). Placera en baksten eller en omvänd plåt i ugnen när den förvärms. Om du har en pizzasten fungerar den utmärkt för att baka ciabatta.
h) Stansa ner degen och dela den i två lika stora delar.
i) Rulla varje portion till en lång, tunn ciabattaform. Du kan använda händerna för att forma degen eller kavla ut den på en mjölad yta och sedan överföra den till ett bakplåtspapper eller pizzaskal pudrat med majsmjöl eller mannagryn.
j) Strö de torkade tranbären och de hackade valnötterna jämnt över toppen av varje ciabatta och tryck ut dem försiktigt i degen.
k) Täck de formade ciabattan med en ren trasa och låt dem jäsa igen i ca 20-30 minuter.

l) Använd en vass kniv eller ett rakblad och gör diagonala snedstreck över toppen av ciabattan. Detta hjälper dem att expandera och utveckla den klassiska ciabatta-looken.
m) För försiktigt över ciabattan till den förvärmda ugnen, antingen direkt på bakstenen eller på den varma bakplåten. Var försiktig när du öppnar ugnen; det är varmt!
n) Grädda i cirka 25-30 minuter, eller tills ciabattan är gyllenbrun och låter ihålig när du knackar på botten.
o) Låt ciabattan svalna på galler innan den skivas och serveras.

17. Aprikos ciabatta med honungsglasyr

INGREDIENSER:
- 2 koppar mjöl
- 1,5 koppar vatten
- 1 tsk jäst
- 1 msk salt
- 10 torkade aprikoser, blötlagda i apelsinjuice över natten
- 3 msk honung
- 1 msk smör
- 1 msk mandelflingor
- 1 msk russin

INSTRUKTIONER:
a) Börja med att samla alla dina ingredienser.
b) Ta upp mjölet i en djup skål för att underlätta degen. Tillsätt jäst och salt till mjölet, vispa sedan och blanda allt ordentligt.
c) Tillsätt vatten och blanda väl med mjölblandningen. Du kommer att sluta med en klibbig deg vid det här laget.
d) Täck skålen med degen med matfilm och låt vila i 45 minuter.
e) Efter 45 minuter, blöt händerna och vik ihop degen i några minuter. Degen kan fortfarande vara något kladdig. Upprepa detta steg tre gånger, med varje upprepning åtskilda av ett 45-minutersintervall.
f) Efter det sista 45-minutersintervallet, pudra arbetsytan med mjöl och överför degen till den. Strö lite mjöl på degen också.
g) Dela degen i 4 lika stora delar.
h) Ta en portion, tryck till och bred ut den och rulla den sedan till en ciabattaform. Upprepa denna process med de andra delarna.
i) Lägg den kavlade degen på en bakplåtspapperklädd eller smord plåt. Täck den med en tygservett och låt den vila i ytterligare 20 minuter.
j) Värm ugnen till 200 grader Celsius. Medan ugnen värms upp tar du bort servetten och spraya lätt lite vatten på degen. Skär några snitt på toppen av degen med en vass kniv. Grädda i 30 minuter.
k) Efter 30 minuter har du en vacker gyllene ciabatta.

l) Låt oss nu förbereda de honungsglaserade aprikoserna. Häll av apelsinjuicen från aprikoserna. Smält smöret i en kastrull och när det är varmt tillsätt aprikoserna.
m) Koka aprikoserna tills de blir gyllenbruna på båda sidor.
n) Tillsätt honungen i pannan och rör om väl för att skapa en glansig glasyr för aprikoserna.
o) Det är dags att sätta ihop fatet. Skär ciabattan i önskade former och toppa dem med de honungsglaserade aprikoserna. Garnera med mandelflingor och russin.

18.Ciabatta av blåbär och citron

INGREDIENSER:

- 1 pack jäst
- 1½ msk honung
- 1¼ kopp varmt vatten
- 1½ kopp brödmjöl
- 1½ kopp fullkornsmjöl
- 1 tsk salt
- 1 kopp färska blåbär
- Skal av 1 citron
- ¼ kopp citronsaft
- Smör (för beläggningsskål)
- 1 ägg (vispat, för glasyr)

INSTRUKTIONER:

a) Lös upp jästen och honungen i ¼ kopp varmt vatten och låt det stå tills det skummar, cirka 10 minuter.
b) Kombinera brödmjölet, fullkornsmjölet och saltet i en matberedare utrustad med ett plastdegblad. Bearbeta i cirka 30 sekunder.
c) Tillsätt jästblandningen i matberedaren med maskinen igång. Tillsätt långsamt den återstående 1 koppen vatten genom matarröret. Bearbeta tills degen klarar sidorna av skålen och inte längre är torr, ca 1 minut.
d) Vänd ut degen på ett lätt mjölat bord.
e) Knåda i de färska blåbären och citronskalet i cirka 5 minuter, eller tills de är jämnt fördelade.
f) Klä en stor skål med smör. Överför degen till bunken, vänd för att belägga toppen med smör. Täck med plastfolie och en handduk och ställ den åt sidan för att jäsa på en varm plats tills degen är dubbelt så stor, cirka 1 till 1-½ timme.
g) Värm ugnen till 425°F (220°C).
h) Vänd ut degen på ett lätt mjölat bord igen.
i) Slå ner för att ta bort luftbubblor och forma degen till en ciabattaform, cirka 15-16 tum lång.
j) Överför den formade degen till en smörad bakplåt eller en ciabattaform.

k) Täck med plastfolie och en handduk och ställ åt sidan för att jäsa tills degen nästan fördubblats, cirka 45 minuter.
l) Pensla ciabattan med det uppvispade ägget.
m) Grädda i 30 till 40 minuter, tills ciabattan är väl brynt och låter ihålig när du knackar på den.
n) Medan ciabattan bakas, förbered en citronglasyr genom att blanda citronsaften med lite honung.
o) När ciabattan är klar, ta ut den från ugnen och pensla den omedelbart med citronglasyren för att ge en skur av citronsmak.
p) Låt ciabattan svalna i några minuter innan du skär upp den.
q) Skiva ciabattan i individuella portioner och njut av din blåbärs- och citronciabatta.

19.Fikon och Brie Helvete Ciabatta

INGREDIENSER:
- 1 1/2 koppar varmt vatten (110°F eller 45°C)
- 2 1/4 tsk aktiv torrjäst (1 paket)
- 1 tsk socker
- 3 1/2 dl fullkornsmjöl
- 1 1/2 tsk salt
- 1/2 kopp torkade fikon, hackade
- 4 oz Brieost, skivad eller tärnad
- 1 msk olivolja
- Majsmjöl eller mannagryn (för att pudra)

INSTRUKTIONER:
a) I en liten skål, kombinera det varma vattnet, jäst och socker. Låt stå i ca 5-10 minuter tills blandningen blir skum.
b) Kombinera hela vetemjölet och saltet i en stor mixerskål. Gör en brunn i mitten av mjölblandningen.
c) Häll jästblandningen och olivoljan i brunnen i mjölet.
d) Rör ihop ingredienserna tills en deg bildas.
e) Knåda degen på mjölat underlag i ca 8-10 minuter tills den blir slät och elastisk. Du kan tillsätta lite mer mjöl om degen är för kladdig.
f) Lägg degen i en lätt oljad bunke, täck den med en ren trasa eller plastfolie och låt den jäsa på en varm, dragfri plats i ca 1 timme eller tills den har dubbelt så stor storlek.
g) Värm ugnen till 450°F (230°C). Placera en baksten eller en omvänd plåt i ugnen när den förvärms. Om du har en pizzasten fungerar den utmärkt för att baka ciabatta.
h) Stansa ner degen och dela den i två lika stora delar.
i) Rulla varje portion till en lång, tunn ciabattaform. Du kan använda händerna för att forma degen eller kavla ut den på en mjölad yta och sedan överföra den till ett bakplåtspapper eller pizzaskal pudrat med majsmjöl eller mannagryn.
j) Tryck ut de hackade torkade fikonen och brieostskivorna eller tärningarna jämnt i degen.
k) Täck de formade ciabattan med en ren trasa och låt dem jäsa igen i ca 20-30 minuter.

l) Använd en vass kniv eller ett rakblad och gör diagonala snedstreck över toppen av ciabattan. Detta hjälper dem att expandera och utveckla den klassiska ciabatta-looken.

m) För försiktigt över ciabattan till den förvärmda ugnen, antingen direkt på bakstenen eller på den varma bakplåten. Var försiktig när du öppnar ugnen; det är varmt!

n) Grädda i cirka 25-30 minuter, eller tills ciabattan är gyllenbrun och låter ihålig när du knackar på botten.

o) Låt ciabattan svalna på galler innan den skivas och serveras.

p) Njut av din hemgjorda fikon- och brie helvete Ciabatta med den härliga kombinationen av söta fikon och krämig brieost!

Ört CIABATTA

20.Rosmarin vitlök Ciabatta

INGREDIENSER:
- 500g starkt vitt brödmjöl
- 10 g salt
- 7g snabbjäst
- 350 ml ljummet vatten
- 2 matskedar olivolja
- 2 vitlöksklyftor, hackade
- 1 msk hackad färsk rosmarin
- Extra olivolja för borstning

INSTRUKTIONER:
a) Blanda mjöl, salt och jäst i en skål. Tillsätt vatten och olivolja, knåda sedan tills det är slätt.
b) Täck över och låt jäsa tills dubbel storlek.
c) Värm ugnen till 220°C (425°F).
d) Stansa ner degen och forma till en ciabattalimpa.
e) Lägg på en plåt, täck över och låt jäsa igen.
f) Blanda hackad vitlök och hackad rosmarin med lite olivolja. Pensla blandningen ovanpå ciabattan.
g) Grädda i 25-30 minuter tills de är gyllenbruna. Kyl på galler innan du skär upp.

21.Vitlökspersilja Ciabatta

INGREDIENSER:
- 1 ciabattalimpa
- ½ kopp saltat smör
- 4 vitlöksklyftor
- 2 msk finriven parmesanost plus extra för att strö över varmt vitlöksbröd
- 2 msk finhackad platt bladpersilja
- ⅛ tesked fint salt

INSTRUKTIONER:

a) Värm ugnen till 425ºF/220ºC och ha en stor bakplåt redo.

b) Dela ciabattan på mitten på längden och lägg med snittsidan uppåt på plåten.

c) Skala och hacka vitlöksklyftor fint. Strö över salt och använd sedan det platta bladet på kniven för att krossa den hackade vitlöken. Arbeta dig över högen av vitlök, skrapa sedan ihop allt och upprepa. Gör detta flera gånger tills vitlöken är en fin pasta.

d) Kombinera smör, hackad vitlök, parmesanost och persilja i en liten mixerskål.

e) Använd en palettkniv eller liknande, bred ut smörblandningen i ett tunt och jämnt lager över snittsidan på båda brödhalvorna.

f) Grädda i 10-15 minuter tills smöret har smält och brödet är lätt gyllenbrunt. Ta ut ur ugnen och strö genast över extra riven parmesanost. Skär i 2 tum (5 cm) skivor och servera varma.

22. Rosmarin Ciabatta

INGREDIENSER:
- 1 lök vitlök
- 1 tsk salt
- 1 msk olivolja
- 4 kvistar rosmarin
- endast nålar
- 1 limpa ciabatta
- 1 nypa grovt havssalt

INSTRUKTIONER:
a) Skär toppen av vitlökslöken (så att du kan se ner klyftorna) och lägg löken i en eldfast form.
b) Strö över en tesked salt och en matsked olivolja.
c) Sätt in detta en timme i ugnen på 190 grader Celsius.
d) När vitlöken kommer ut ur ugnen, låt den svalna en kort stund och pressa sedan ut vitlöken i en skål.
e) Tillsätt 60 ml olivolja och blanda väl.
f) Höj temperaturen i ugnen till 225 grader.
g) Skär brödet med en kniv, inte genomgående (ca 1 cm över botten).
h) Pensla sidorna med vitlök/olivoljeblandningen.
i) Strö brödet med rosmarin och 1 msk grovt havssalt. Ringla över lite olivolja.
j) Sätt in brödet i ugnen och låt brödet grädda 20 till 25 minuter.
k) När brödet blir mörkt kan du täcka det med aluminiumfolie.

23. Rosmarin Helvete Ciabatta

INGREDIENSER:
- 1 1/2 koppar varmt vatten (110°F eller 45°C)
- 2 1/4 tsk aktiv torrjäst (1 paket)
- 1 tsk socker
- 3 1/2 dl fullkornsmjöl
- 1 1/2 tsk salt
- 1 msk olivolja
- 1 1/2 msk färsk rosmarin, finhackad (eller 1 1/2 tsk torkad rosmarin)
- Majsmjöl eller mannagryn (för att pudra)

INSTRUKTIONER:
a) I en liten skål, kombinera det varma vattnet, jäst och socker. Låt stå i ca 5-10 minuter tills blandningen blir skum.
b) Kombinera hela vetemjölet, saltet och hackad rosmarin i en stor blandningsskål. Gör en brunn i mitten av mjölblandningen.
c) Häll jästblandningen och olivoljan i brunnen i mjölet.
d) Rör ihop ingredienserna tills en deg bildas.
e) Knåda degen på mjölat underlag i ca 8-10 minuter tills den blir slät och elastisk. Du kan tillsätta lite mer mjöl om degen är för kladdig.
f) Lägg degen i en lätt oljad bunke, täck den med en ren trasa eller plastfolie och låt den jäsa på en varm, dragfri plats i ca 1 timme eller tills den har dubbelt så stor storlek.
g) Värm ugnen till 450°F (230°C). Placera en baksten eller en omvänd plåt i ugnen när den förvärms. Om du har en pizzasten fungerar den utmärkt för att baka ciabatta.
h) Stansa ner degen och dela den i två lika stora delar.
i) Rulla varje portion till en lång, tunn ciabattaform. Du kan använda händerna för att forma degen eller kavla ut den på en mjölad yta och sedan överföra den till ett bakplåtspapper eller pizzaskal pudrat med majsmjöl eller mannagryn.
j) Täck de formade ciabattan med en ren trasa och låt dem jäsa igen i ca 20-30 minuter.
k) Använd en vass kniv eller ett rakblad och gör diagonala snedstreck över toppen av ciabattan. Detta hjälper dem att expandera och utveckla den klassiska ciabatta-looken.

l) För försiktigt över ciabattan till den förvärmda ugnen, antingen direkt på bakstenen eller på den varma bakplåten. Var försiktig när du öppnar ugnen; det är varmt!

m) Grädda i cirka 25-30 minuter, eller tills ciabattan är gyllenbrun och låter ihålig när du knackar på botten.

n) Låt ciabattan svalna på galler innan den skivas och serveras.

o) Njut av din hemgjorda rosmarin fullkornsciabatta, med den underbara doften och smaken av rosmarin!

NÖT CIABATTA

24.Ciabatta med nötter och russin

INGREDIENSER:
- 1 pack jäst
- 1½ msk honung
- 1¼ kopp varmt vatten
- 1½ kopp brödmjöl
- 1½ kopp fullkornsmjöl
- 1 tsk salt
- ¾ kopp valnötshalvor eller pistagenötter
- ¾ kopp vinbär
- ¼ kopp gyllene russin
- Smör; för beläggningsskål
- 1 ägg; slagen, för glasyr

INSTRUKTIONER:

a) Lös upp jästen och honungen i ¼ kopp varmt vatten och låt stå tills det skummar, cirka 10 minuter.

b) Kombinera mjöl och salt i en matberedare utrustad med ett plastdegblad. Bearbeta cirka 30 sekunder. Tillsätt valnötterna och bearbeta ytterligare 15 sekunder. Med maskinen igång, häll jästblandningen genom matarröret.

c) Med maskinen igång, tillsätt långsamt 1 dl vatten genom matarröret.

d) Bearbeta tills degen rengör skålens sidor och inte längre är torr, ca 1 minut till. Vänd upp på ett lätt mjölat bord och knåda in vinbär och russin i ca 5 minuter.

e) Klä en stor skål med smör. Överför degen till bunken, vänd för att belägga toppen med smör. Täck med plastfolie och en handduk och ställ åt sidan för att jäsa på en varm plats, tills degen har fördubblats i bulk, cirka 1 till 1-½ timme.

f) Vänd ut degen på ett lätt mjölat bord. Slå ner för att ta bort luftbubblor och dela degen i två lika delar. Rulla varje del till ett 6 x 15-tums ark. Rulla arken till långa cylindrar, nyp ihop kanterna för att täta. Överför cylindrarna, med sömssidan nedåt, till en smörad bakplåt eller två ciabattaformar. Täck med plastfolie och en handduk och ställ åt sidan för att jäsa tills degen nästan fördubblats, cirka 45 minuter.

g) Värm ugnen till 425.

h) Pensla bröden med det uppvispade ägget och skär var och en med en vass kniv flera gånger längs diagonalen.

i) Grädda i 30 till 40 minuter, tills bröden fått fin färg.

25.Mandelvallmofrön Helvete Ciabatta

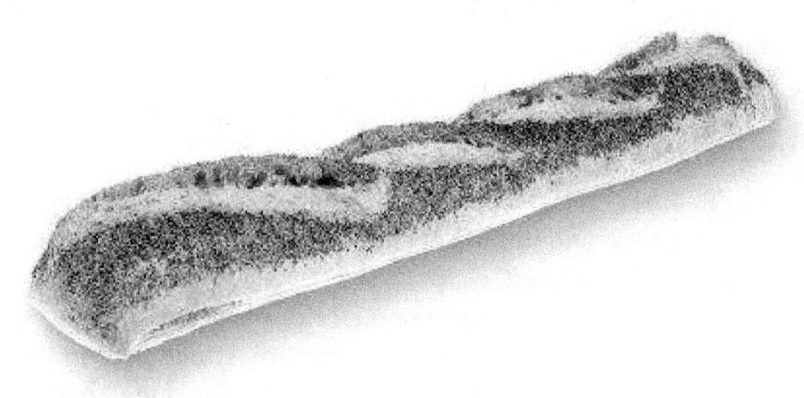

INGREDIENSER:

- 1 1/2 koppar varmt vatten (110°F eller 45°C)
- 2 1/4 tsk aktiv torrjäst (1 paket)
- 1/4 kopp socker
- 3 1/2 dl fullkornsmjöl
- 1 1/2 tsk salt
- 1/4 kopp mandelmjöl (finmald mandel)
- 2 msk vallmofrön
- 1/4 kopp vegetabilisk olja
- 1 tsk mandelextrakt
- 1/2 kopp skivad mandel (för topping)
- Majsmjöl eller mannagryn (för att pudra)

INSTRUKTIONER:

a) I en liten skål, kombinera det varma vattnet, jäst och socker. Låt stå i ca 5-10 minuter tills blandningen blir skum.
b) I en stor blandningsskål, kombinera fullkornsmjöl, mandelmjöl, vallmofrön och salt.
c) Gör en brunn i mitten av mjölblandningen.
d) Häll jästblandningen, vegetabilisk olja och mandelextrakt i brunnen i mjölet.
e) Rör ihop ingredienserna tills en deg bildas.
f) Knåda degen på mjölat underlag i ca 8-10 minuter tills den blir slät och elastisk. Du kan tillsätta lite mer mjöl om degen är för kladdig.
g) Lägg degen i en lätt oljad bunke, täck den med en ren trasa eller plastfolie och låt den jäsa på en varm, dragfri plats i ca 1 timme eller tills den har dubbelt så stor storlek.
h) Värm ugnen till 375°F (190°C). Sätt in en plåt i ugnen när den förvärms.
i) Stansa ner degen och forma den till en lång, tunn ciabattaform. Du kan använda händerna för att forma degen eller kavla ut den på mjölat underlag.
j) Pudra den varma bakplåten med majsmjöl eller mannagrynsmjöl och överför sedan ciabattan till plåten.
k) Strö de skivade mandlarna ovanpå ciabattan, tryck försiktigt ner dem i degen.

l) Använd en vass kniv eller ett rakblad och gör några grunda snitt på toppen av ciabattan för dekoration.
m) Grädda i cirka 25-30 minuter, eller tills ciabattan är fast och låter ihålig när du knackar på botten.
n) Låt ciabattan svalna på galler innan den skivas och serveras.
o) Njut av din läckra mandelvallmofrön fullvete Ciabatta, fylld med mandelns nötaktiga godhet och den delikata smaken av vallmofrön!

26.Tranbär Macadamia Ciabatta

INGREDIENSER:
- 1 1/2 koppar varmt vatten (110°F eller 45°C)
- 2 1/4 tsk aktiv torrjäst (1 paket)
- 1 tsk socker
- 3 1/2 dl fullkornsmjöl
- 1 1/2 tsk salt
- 1/2 kopp torkade tranbär
- 1/2 kopp hackad macadamias
- 1 msk olivolja
- Majsmjöl eller mannagryn (för att pudra)

INSTRUKTIONER:
a) I en liten skål, kombinera det varma vattnet, jäst och socker. Låt stå i ca 5-10 minuter tills blandningen blir skum.
b) Kombinera hela vetemjölet och saltet i en stor mixerskål. Gör en brunn i mitten av mjölblandningen.
c) Häll jästblandningen och olivoljan i brunnen i mjölet.
d) Rör ihop ingredienserna tills en deg bildas.
e) Knåda degen på mjölat underlag i ca 8-10 minuter tills den blir slät och elastisk. Du kan tillsätta lite mer mjöl om degen är för kladdig.
f) Lägg degen i en lätt oljad bunke, täck den med en ren trasa eller plastfolie och låt den jäsa på en varm, dragfri plats i ca 1 timme eller tills den har dubbelt så stor storlek.
g) Värm ugnen till 450°F (230°C). Placera en baksten eller en omvänd plåt i ugnen när den förvärms. Om du har en pizzasten fungerar den utmärkt för att baka ciabatta.
h) Stansa ner degen och dela den i två lika stora delar.
i) Rulla varje portion till en lång, tunn ciabattaform. Du kan använda händerna för att forma degen eller kavla ut den på en mjölad yta och sedan överföra den till ett bakplåtspapper eller pizzaskal pudrat med majsmjöl eller mannagryn.
j) Strö de torkade tranbären och de hackade nötterna jämnt över toppen av varje ciabatta och tryck ut dem försiktigt i degen.
k) Täck de formade ciabattan med en ren trasa och låt dem jäsa igen i ca 20-30 minuter.

l) Använd en vass kniv eller ett rakblad och gör diagonala snedstreck över toppen av ciabattan. Detta hjälper dem att expandera och utveckla den klassiska ciabatta-looken.
m) För försiktigt över ciabattan till den förvärmda ugnen, antingen direkt på bakstenen eller på den varma bakplåten. Var försiktig när du öppnar ugnen; det är varmt!
n) Grädda i cirka 25-30 minuter, eller tills ciabattan är gyllenbrun och låter ihålig när du knackar på botten.
o) Låt ciabattan svalna på galler innan den skivas och serveras.

27.Vinbär-valnöt ciabatta

INGREDIENSER:
- 1 pack jäst
- 1½ msk honung
- 1¼ kopp varmt vatten
- 1½ kopp brödmjöl
- 1½ kopp fullkornsmjöl
- 1 tsk salt
- ¾ kopp valnötshalvor eller pistagenötter
- ¾ kopp vinbär
- ¼ kopp gyllene russin
- Smör; för beläggningsskål
- 1 ägg; slagen, för glasyr

INSTRUKTIONER:
j) Lös upp jästen och honungen i ¼ kopp varmt vatten och låt stå tills det skummar, cirka 10 minuter.
k) Kombinera mjöl och salt i en matberedare utrustad med ett plastdegblad. Bearbeta cirka 30 sekunder. Tillsätt valnötterna och bearbeta ytterligare 15 sekunder. Med maskinen igång, häll jästblandningen genom matarröret.
l) Med maskinen igång, tillsätt långsamt 1 dl vatten genom matarröret.
m) Bearbeta tills degen rengör skålens sidor och inte längre är torr, ca 1 minut till. Vänd upp på ett lätt mjölat bord och knåda in vinbär och russin i ca 5 minuter.
n) Klä en stor skål med smör. Överför degen till bunken, vänd för att belägga toppen med smör. Täck med plastfolie och en handduk och ställ åt sidan för att jäsa på en varm plats, tills degen har fördubblats i bulk, cirka 1 till 1-½ timme.
o) Vänd ut degen på ett lätt mjölat bord. Slå ner för att ta bort luftbubblor och dela degen i två lika delar. Rulla varje del till ett 6 x 15-tums ark. Rulla arken till långa cylindrar, nyp ihop kanterna för att täta. Överför cylindrarna, med sömssidan nedåt, till en smörad bakplåt eller två ciabattaformar. Täck med plastfolie och

en handduk och ställ åt sidan för att jäsa tills degen nästan fördubblats, cirka 45 minuter.

p) Värm ugnen till 425.

q) Pensla bröden med det uppvispade ägget och skär var och en med en vass kniv flera gånger längs diagonalen.

r) Grädda i 30 till 40 minuter, tills bröden fått fin färg.

KRYDDAD CIABATTA

28. Honungskrydda kamutbröd

INGREDIENSER:
- ½ kopp varmt vatten
- 2 förpackningar Torraktiv jäst
- 1½ kopp varm sojamjölk
- 2 msk rapsolja
- ½ kopp honung
- 1 stort ägg eller motsvarande vegansk äggersättning
- 3 koppar Kamut mjöl
- 1 tsk kanel
- 1 tsk Muskotnöt
- ½ tsk salt
- 3 dl dinkelmjöl
- Matlagningsspray eller olja

INSTRUKTIONER:
a) I en liten skål, rör ihop vatten och jäst. Täck över och ställ åt sidan i 7 till 10 minuter.

b) Blanda sojamjölk, olja, honung och ägg i en medelstor skål. Avsätta.

c) I en stor bunke, rör ihop kamurmjöl, kanel, muskotnöt och salt. Blanda mjölkblandningen och jästblandningen och blanda noggrant. Rör gradvis ner dinkelmjöl.

d) Vänd degen på en lätt mjölad yta och knåda i 4 till 5 minuter, eller tills degen är lätt elastisk.

e) Täck degen med en handduk och låt jäsa i 1 till 2 timmar, eller tills den är dubbelt så stor.

f) Spraya eller pensla ett stort bakplåtspapper lätt med olja. Slå ner degen och dela på mitten. Forma varje halva till en avlång limpa och lägg bröden på en plåt, cirka tre centimeter från varandra. Täck med en handduk och låt jäsa i 1 till 2 timmar, eller tills den fördubblats i storlek.

g) Värm ugnen till 350F. Grädda bröden i cirka 45 minuter, eller tills de låter ihåliga när du knackar på dem. Låt svalna i 10 minuter, överför sedan bröden till ett galler och svalna helt innan de skivas.

29.Russin kanel Helvete Ciabatta

INGREDIENSER:
- 1 1/2 koppar varmt vatten (110°F eller 45°C)
- 2 1/4 tsk aktiv torrjäst (1 paket)
- 1/4 kopp socker
- 3 1/2 dl fullkornsmjöl
- 1 1/2 tsk salt
- 1/2 kopp russin
- 2 tsk mald kanel
- 1 msk olivolja
- Majsmjöl eller mannagryn (för att pudra)

INSTRUKTIONER:
a) I en liten skål, kombinera det varma vattnet, jäst och socker. Låt stå i ca 5-10 minuter tills blandningen blir skum.
b) Kombinera hela vetemjölet, saltet och malen kanel i en stor blandningsskål. Gör en brunn i mitten av mjölblandningen.
c) Häll jästblandningen och olivoljan i brunnen i mjölet.
d) Rör ihop ingredienserna tills en deg bildas.
e) Knåda degen på mjölat underlag i ca 8-10 minuter tills den blir slät och elastisk. Du kan tillsätta lite mer mjöl om degen är för kladdig.
f) Lägg degen i en lätt oljad bunke, täck den med en ren trasa eller plastfolie och låt den jäsa på en varm, dragfri plats i ca 1 timme eller tills den har dubbelt så stor storlek.
g) Värm ugnen till 450°F (230°C). Placera en baksten eller en omvänd plåt i ugnen när den förvärms. Om du har en pizzasten fungerar den utmärkt för att baka ciabatta.
h) Stansa ner degen och dela den i två lika stora delar.
i) Rulla varje portion till en lång, tunn ciabattaform. Du kan använda händerna för att forma degen eller kavla ut den på en mjölad yta och sedan överföra den till ett bakplåtspapper eller pizzaskal pudrat med majsmjöl eller mannagryn.
j) Strö russinen jämnt över toppen av varje ciabatta och tryck ut dem försiktigt i degen.
k) Täck de formade ciabattan med en ren trasa och låt dem jäsa igen i ca 20-30 minuter.

l) Använd en vass kniv eller ett rakblad och gör diagonala snedstreck över toppen av ciabattan. Detta hjälper dem att expandera och utveckla den klassiska ciabatta-looken.

m) För försiktigt över ciabattan till den förvärmda ugnen, antingen direkt på bakstenen eller på den varma bakplåten. Var försiktig när du öppnar ugnen; det är varmt!

n) Grädda i cirka 25-30 minuter, eller tills ciabattan är gyllenbrun och låter ihålig när du knackar på botten.

o) Låt ciabattan svalna på galler innan den skivas och serveras.

30. Chili Flakes och Paprika Ciabatta

INGREDIENSER:
- 500g starkt vitt brödmjöl
- 10 g salt
- 7g snabbjäst
- 350 ml ljummet vatten
- 2 matskedar olivolja
- 1 msk chiliflakes
- 1 msk rökt paprika

INSTRUKTIONER:

a) Blanda mjöl, salt och jäst i en skål. Tillsätt vatten och olivolja, knåda sedan tills det är slätt.
b) Täck över och låt jäsa tills dubbel storlek.
c) Värm ugnen till 220°C (425°F).
d) Stansa ner degen och forma till en ciabattalimpa.
e) Lägg på en plåt, täck över och låt jäsa igen.
f) Blanda chiliflakes och rökt paprika med lite olivolja. Fördela blandningen ovanpå ciabattan.
g) Grädda i 25-30 minuter tills de är gyllenbruna. Kyl på galler innan du skär upp.

31.Gurkmeja och kummin Ciabatta

INGREDIENSER:
- 500g starkt vitt brödmjöl
- 10 g salt
- 7g snabbjäst
- 350 ml ljummet vatten
- 2 matskedar olivolja
- 1 tsk mald gurkmeja
- 1 tsk malen spiskummin

INSTRUKTIONER:

a) Blanda mjöl, salt och jäst i en skål. Tillsätt vatten och olivolja, knåda sedan tills det är slätt.

b) Täck över och låt jäsa tills dubbel storlek.

c) Värm ugnen till 220°C (425°F).

d) Stansa ner degen och forma till en ciabattalimpa.

e) Lägg på en plåt, täck över och låt jäsa igen.

f) Blanda gurkmeja och spiskummin till en pasta med lite vatten. Bred ut pastan ovanpå ciabattan.

g) Grädda i 25-30 minuter tills de är gyllenbruna. Låt svalna innan du skär upp.

CHOKLAD CIABATTA

32.Choklad Hasselnöt Ciabatta

INGREDIENSER:
- 1 sats grundläggande ciabatta-deg
- 1/2 kopp hasselnötter, hackade
- 1/2 kopp mörk chokladchips
- 1/4 kopp kakaopulver

INSTRUKTIONER:

a) Förbered den grundläggande ciabatta-degen enligt ditt favoritrecept.

b) Efter första jäsningen, slå ner degen och knåda i de hackade hasselnötterna och mörk chokladchips tills den är jämnt fördelad.

c) Forma degen till en ciabattalimpa och lägg den på en plåt klädd med bakplåtspapper.

d) Täck brödet med en ren kökshandduk och låt jäsa ytterligare 30-45 minuter.

e) Värm ugnen till 400°F (200°C).

f) Innan bakning, pudra toppen av limpan med kakaopulver.

g) Grädda i 20-25 minuter, eller tills limpan är gyllenbrun och låter ihålig när du knackar på botten.

h) Låt svalna innan du skivar och serverar.

33. Choklad apelsin Ciabatta

INGREDIENSER:

- 1 sats grundläggande ciabatta-deg
- Skal av 1 apelsin
- 1/2 dl mörk chokladbitar
- 1/4 kopp strösocker

INSTRUKTIONER:

a) Förbered den grundläggande ciabatta-degen enligt ditt favoritrecept.

b) Efter den första jäsningen, slå ner degen och knåda i apelsinskal, mörk chokladbitar och strösocker tills den är jämnt fördelad.

c) Forma degen till en ciabattalimpa och lägg den på en plåt klädd med bakplåtspapper.

d) Täck brödet med en ren kökshandduk och låt jäsa ytterligare 30-45 minuter.

e) Värm ugnen till 400°F (200°C).

f) Grädda i 20-25 minuter, eller tills limpan är gyllenbrun och låter ihålig när du knackar på botten.

g) Låt den svalna något innan den skivas och serveras.

34.Dubbel choklad Ciabatta

INGREDIENSER:
- 1 sats grundläggande ciabatta-deg
- 1/2 kopp mörk chokladchips
- 1/2 kopp vita chokladchips
- 2 matskedar osötat kakaopulver

INSTRUKTIONER:

a) Förbered den grundläggande ciabatta-degen enligt ditt favoritrecept.

b) Efter den första jäsningen, slå ner degen och knåda i mörk chokladchips, vita chokladchips och osötat kakaopulver tills den är jämnt fördelad.

c) Forma degen till en ciabattalimpa och lägg den på en plåt klädd med bakplåtspapper.

d) Täck brödet med en ren kökshandduk och låt jäsa ytterligare 30-45 minuter.

e) Värm ugnen till 400°F (200°C).

f) Grädda i 20-25 minuter, eller tills limpan är gyllenbrun och låter ihålig när du knackar på botten.

g) Låt svalna innan du skivar och serverar.

35.Choklad Körsbär Mandel Ciabatta

INGREDIENSER:
- 1 sats grundläggande ciabatta-deg
- 1/2 dl mörk chokladbitar
- 1/2 kopp torkade körsbär, hackade
- 1/4 kopp skivad mandel

INSTRUKTIONER:
a) Förbered den grundläggande ciabatta-degen enligt ditt favoritrecept.
b) Efter den första jäsningen, slå ner degen och knåda in de mörka chokladbitarna, torkade körsbär och skivad mandel tills den är jämnt fördelad.
c) Forma degen till en ciabattalimpa och lägg den på en plåt klädd med bakplåtspapper.
d) Täck brödet med en ren kökshandduk och låt jäsa ytterligare 30-45 minuter.
e) Värm ugnen till 400°F (200°C).
f) Grädda i 20-25 minuter, eller tills limpan är gyllenbrun och låter ihålig när du knackar på botten.
g) Låt den svalna innan du skivar och serverar.

36.Choklad jordnötssmör Swirl Ciabatta

INGREDIENSER:
- 1 sats grundläggande ciabatta-deg
- 1/2 kopp mörk chokladchips
- 1/4 kopp krämigt jordnötssmör

INSTRUKTIONER:

a) Förbered den grundläggande ciabatta-degen enligt ditt favoritrecept.

b) Efter första jäsningen, slå ner degen och vänd försiktigt ner de mörka chokladbitarna.

c) Dela degen på mitten och kavla ut varje del till en rektangel.

d) Fördela jordnötssmöret jämnt över en rektangel av deg, lämna en liten kant runt kanterna.

e) Lägg den andra degrektangeln ovanpå och tryck till kanterna för att täta.

f) Rulla försiktigt ihop degen till en stockform.

g) Lägg över degen till en bakplåtspappersklädd plåt.

h) Täck brödet med en ren kökshandduk och låt jäsa ytterligare 30-45 minuter.

i) Värm ugnen till 400°F (200°C).

j) Grädda i 20-25 minuter, eller tills limpan är gyllenbrun och låter ihålig när du knackar på botten.

k) Låt den svalna innan du skivar och serverar.

37.Choklad Kokos Ciabatta

INGREDIENSER:
- 1 sats grundläggande ciabatta-deg
- 1/2 kopp mörk chokladchips
- 1/2 dl riven kokos

INSTRUKTIONER:

a) Förbered den grundläggande ciabatta-degen enligt ditt favoritrecept.

b) Efter första jäsningen, slå ner degen och vänd försiktigt ner de mörka chokladbitarna och den rivna kokosen.

c) Forma degen till en ciabattalimpa och lägg den på en plåt klädd med bakplåtspapper.

d) Täck brödet med en ren kökshandduk och låt jäsa ytterligare 30-45 minuter.

e) Värm ugnen till 400°F (200°C).

f) Grädda i 20-25 minuter, eller tills limpan är gyllenbrun och låter ihålig när du knackar på botten.

g) Låt svalna innan du skivar och serverar.

38. Chokladhallon Ciabatta

INGREDIENSER:
- 1 sats grundläggande ciabatta-deg
- 1/2 kopp mörk chokladchips
- 1/2 kopp färska hallon

INSTRUKTIONER:

a) Förbered den grundläggande ciabatta-degen enligt ditt favoritrecept.

b) Efter den första jäsningen, slå ner degen och vänd försiktigt ner den mörka chokladchipsen och färska hallon.

c) Forma degen till en ciabattalimpa och lägg den på en plåt klädd med bakplåtspapper.

d) Täck brödet med en ren kökshandduk och låt jäsa ytterligare 30-45 minuter.

e) Värm ugnen till 400°F (200°C).

f) Grädda i 20-25 minuter, eller tills limpan är gyllenbrun och låter ihålig när du knackar på botten.

g) Låt den svalna innan du skivar och serverar.

39. Chocolate Chip Helvete Ciabatta

INGREDIENSER:
- 1 1/2 koppar varmt vatten (110°F eller 45°C)
- 2 1/4 tsk aktiv torrjäst (1 paket)
- 1/4 kopp socker
- 3 1/2 dl fullkornsmjöl
- 1 1/2 tsk salt
- 1/4 kopp osötat kakaopulver
- 1/2 kopp chokladchips (halvsöt eller mörk)
- 1/4 kopp vegetabilisk olja
- 1 tsk vaniljextrakt
- Majsmjöl eller mannagryn (för att pudra)

INSTRUKTIONER:
a) I en liten skål, kombinera det varma vattnet, jäst och socker. Låt stå i ca 5-10 minuter tills blandningen blir skum.
b) I en stor blandningsskål, kombinera hela vetemjölet, kakaopulver och salt.
c) Gör en brunn i mitten av mjölblandningen.
d) Häll jästblandningen, vegetabilisk olja och vaniljextrakt i brunnen i mjölet.
e) Rör ihop ingredienserna tills en deg bildas.
f) Knåda degen på mjölat underlag i ca 8-10 minuter tills den blir slät och elastisk. Du kan tillsätta lite mer mjöl om degen är för kladdig.
g) Lägg degen i en lätt oljad bunke, täck den med en ren trasa eller plastfolie och låt den jäsa på en varm, dragfri plats i ca 1 timme eller tills den har dubbelt så stor storlek.
h) Värm ugnen till 375°F (190°C). Sätt in en plåt i ugnen när den förvärms.
i) Slå ner degen och tillsätt chokladbitarna. Knåda degen så att chokladbitarna fördelas jämnt.
j) Rulla degen till en lång, tunn ciabattaform. Du kan använda händerna för att forma degen eller kavla ut den på mjölat underlag.
k) Pudra den varma bakplåten med majsmjöl eller mannagrynsmjöl och överför sedan ciabattan till plåten.

l) Använd en vass kniv eller ett rakblad och gör några grunda snitt på toppen av ciabattan för dekoration.
m) Grädda i cirka 25-30 minuter, eller tills ciabattan är fast och låter ihålig när du knackar på botten.
n) Låt ciabattan svalna på galler innan den skivas och serveras.
o) Njut av din unika och söta Chocolate Chip Whole Wheat Ciabatta! Det är en härlig kombination av bröd och choklad, perfekt för dem som har en söt tand.

CIABATTA MED KAFFEIN

40. Espresso Ciabatta

INGREDIENSER:
- 1 sats grundläggande ciabatta-deg
- 2 msk finmalen espresso eller starkt kaffe
- 1/4 kopp mörk chokladbitar (valfritt, för extra smak)

INSTRUKTIONER:
a) Förbered den grundläggande ciabatta-degen enligt ditt favoritrecept.
b) Efter första jäsningen, slå ner degen och knåda i den finmalda espresson eller starkt kaffe tills den är jämnt fördelad.
c) Om så önskas, knåda in de mörka chokladbitarna för extra smak.
d) Forma degen till en ciabattalimpa och lägg den på en plåt klädd med bakplåtspapper.
e) Täck brödet med en ren kökshandduk och låt jäsa ytterligare 30-45 minuter.
f) Värm ugnen till 400°F (200°C).
g) Grädda i 20-25 minuter, eller tills limpan är gyllenbrun och låter ihålig när du knackar på botten.
h) Låt svalna innan du skivar och serverar.

41.Matcha grönt te Ciabatta

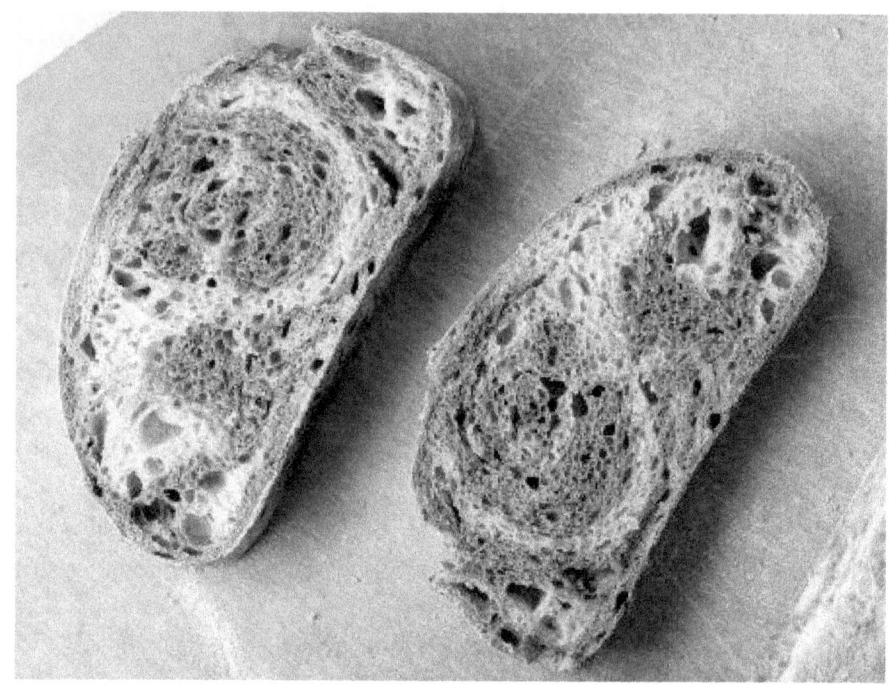

INGREDIENSER:
- 1 sats grundläggande ciabatta-deg
- 2 matskedar matcha grönt tepulver

INSTRUKTIONER:

a) Förbered den grundläggande ciabatta-degen enligt ditt favoritrecept.

b) Efter den första jäsningen, slå ner degen och knåda in matchagrönt tepulvret tills det är jämnt fördelat.

c) Forma degen till en ciabattalimpa och lägg den på en plåt klädd med bakplåtspapper.

d) Täck brödet med en ren kökshandduk och låt jäsa ytterligare 30-45 minuter.

e) Värm ugnen till 400°F (200°C).

f) Grädda i 20-25 minuter, eller tills limpan är gyllenbrun och låter ihålig när du knackar på botten.

g) Låt svalna innan du skivar och serverar.

42. Chai Spiced Ciabatta

INGREDIENSER:
- 1 sats grundläggande ciabatta-deg
- 2 tsk chai kryddblandning (kanel, kardemumma, kryddnejlika, ingefära, muskot)

INSTRUKTIONER:
a) Förbered den grundläggande ciabatta-degen enligt ditt favoritrecept.

b) Efter första jäsningen, slå ner degen och knåda i chaikryddmixen tills den är jämnt fördelad.

c) Forma degen till en ciabattalimpa och lägg den på en plåt klädd med bakplåtspapper.

d) Täck brödet med en ren kökshandduk och låt jäsa ytterligare 30-45 minuter.

e) Värm ugnen till 400°F (200°C).

f) Grädda i 20-25 minuter, eller tills limpan är gyllenbrun och låter ihålig när du knackar på botten.

g) Låt svalna innan du skivar och serverar.

43. Mocha Chip Ciabatta

INGREDIENSER:
- 1 sats grundläggande ciabatta-deg
- 2 matskedar snabbkaffepulver
- 1/2 kopp chokladchips

INSTRUKTIONER:

a) Förbered den grundläggande ciabatta-degen enligt ditt favoritrecept.

b) Efter den första jäsningen, slå ner degen och knåda in snabbkaffepulvret tills den är jämnt fördelad.

c) Knåda in chokladbitarna tills de är jämnt fördelade.

d) Forma degen till en ciabattalimpa och lägg den på en plåt klädd med bakplåtspapper.

e) Täck brödet med en ren kökshandduk och låt jäsa ytterligare 30-45 minuter.

f) Värm ugnen till 400°F (200°C).

g) Grädda i 20-25 minuter, eller tills limpan är gyllenbrun och låter ihålig när du knackar på botten.

h) Låt svalna innan du skivar och serverar.

VEGGIE CIABATTA

44.Svart oliv Ciabatta

INGREDIENSER:
FÖR STARTEN (BIGA)
- 1 tsk. snabbverkande torkad jäst
- 100 g starkt vitt mjöl

FÖR DEGEN
- 400 g starkt vitt brödmjöl, plus extra för att pudra
- 1 1/4 tsk. snabbverkande torkad jäst
- 1 msk. extra virgin olivolja
- 150 g svarta urkärnade oliver, hackade, vi använde kalamata, se GH Tips

INSTRUKTIONER:

a) Kvällen innan du vill baka din ciabatta, gör förrätten. Blanda jäst och 80 ml ljummet vatten i skålen på en fristående mixer. Låt stå i 5 min, tills det skummar. Rör ner mjöl till en mjuk deg. Täck med en ren kökshandduk eller hushållsfilm och låt vila på en varm plats i minst 4 timmar, helst över natten.

b) För att göra degen, tillsätt resterande mjöl i skålen, tillsammans med extra jäst, olja och 300 ml ljummet vatten. Blanda med degkroken på låg hastighet i 5 min, till en mjuk, blöt deg. Tillsätt 1 tsk fint salt och oliverna, blanda i 5 minuter till tills det är slätt och elastiskt.

c) Täck med en ren kökshandduk eller hushållsfilm och låt jäsa igen i 1 timme, eller tills den fördubblats i storlek.

d) När din jästa deg är klar, blöt händerna, ta sedan ena sidan av degen i bunken, sträck upp den och vik över den ovanpå sig själv. Vänd skålen 90 grader och upprepa 7 gånger till. Täck igen och låt vila och jäsa i 45 minuter, upprepa sedan de 8 sträckningarna och vecken en gång till, följt av 45 minuters vila och höjning.

e) Klä en stor plåt med bakplåtspapper. Pudra rejält med mjöl på bakplåtspappret för att förhindra att degen fastnar och blir svår att hantera. Tippa försiktigt degen på bakplåten. Pudra toppen av degen med mjöl.

f) Dela degen i 3 grova rektanglar med en degskrapa, lång palettkniv eller till och med kanten på ett bakplåtspapper – separera bröden så gott det går. Täck med en ren kökshandduk och låt jäsa igen i 30 min.

g) Värm ugnen till 220°C (200°C fläkt) gasmark 7. Fyll en liten ugnsplåt med vatten och sätt på den nedre hyllan i ugnen för att skapa ånga.

h) Grädda ciabattan på plåten i 30 minuter, eller tills den är gyllenbrun och låter ihålig när botten knackas.

i) Kyl helt på galler innan servering.

45.Veggie ciabatta

INGREDIENSER:

- 1 gul squash 6-8 tum
- 1 Zucchini 6-8 tum
- 1 röd paprika
- 2 skivor Lila lök, ¼ tum tjock
- 2 teskedar olivolja eller olivolja spray (upp till 3)
- 1 färsk ciabatta, 12 tums storlek eller hälften av en fullstor
- 2 msk Delskummad mozzarella
- Basilika, färsk eller torkad, valfritt

INSTRUKTIONER:

a) Skiva båda squasherna på längden, cirka ¼ tum tjocka. Skär paprikan på mitten och ta bort fröna. Lägg skivor av squash och lök på en stor plåt och lägg paprikan med skinnsidan uppåt. Pensla alla utom paprika lätt med olivolja eller använd olivolja spray och lägg under broiler.

b) Låt grönsakerna stå tills paprikan kolar bort paprikan och lägg i papperspåse eller tung plastpåse och stäng påsen för att ånga paprika.

c) Vänd resten av grönsakerna, spraya eller borsta om så önskas och stek ytterligare 2 minuter eller så, tills grönsakerna är mjuka, men inte tillagade till oigenkännlighet.

d) Under tiden skär du ciabattan i halvor och skär varje halva på längden.

e) Lägg en msk ost på den nedre halvan. Smörj en tesked majonnäs på den övre halvan och strö över basilika om så önskas. När paprikorna har ångat i 5 minuter, ta ur påsen och ta bort skalet. Skär halvorna en gång till för att göra kvartar.

f) Varva grönsaker på varje smörgås över osten.

46.Soltorkad Tomat Helvete Ciabatta

INGREDIENSER:
- 1 1/2 koppar varmt vatten (110°F eller 45°C)
- 2 1/4 tsk aktiv torrjäst (1 paket)
- 1 tsk socker
- 3 1/2 dl fullkornsmjöl
- 1 1/2 tsk salt
- 1 msk olivolja
- 1/2 dl soltorkade tomater, finhackade
- 1/4 kopp färska basilikablad, hackade
- Majsmjöl eller mannagryn (för att pudra)

INSTRUKTIONER:
a) I en liten skål, kombinera det varma vattnet, jäst och socker. Låt stå i ca 5-10 minuter tills blandningen blir skum.
b) Kombinera hela vetemjölet och saltet i en stor mixerskål. Gör en brunn i mitten av mjölblandningen.
c) Häll jästblandningen och olivoljan i brunnen i mjölet.
d) Rör ihop ingredienserna tills en deg bildas.
e) Knåda degen på mjölat underlag i ca 8-10 minuter tills den blir slät och elastisk. Du kan tillsätta lite mer mjöl om degen är för kladdig.
f) Lägg degen i en lätt oljad bunke, täck den med en ren trasa eller plastfolie och låt den jäsa på en varm, dragfri plats i ca 1 timme eller tills den har dubbelt så stor storlek.
g) Värm ugnen till 450°F (230°C). Placera en baksten eller en omvänd plåt i ugnen när den förvärms. Om du har en pizzasten fungerar den utmärkt för att baka ciabatta.
h) Stansa ner degen och dela den i två lika stora delar.
i) Rulla varje portion till en lång, tunn ciabattaform. Du kan använda händerna för att forma degen eller kavla ut den på en mjölad yta och sedan överföra den till ett bakplåtspapper eller pizzaskal pudrat med majsmjöl eller mannagryn.
j) Strö de finhackade soltorkade tomaterna och färska basilikabladen jämnt över toppen av varje ciabatta och tryck ut dem försiktigt i degen.
k) Täck de formade ciabattan med en ren trasa och låt dem jäsa igen i ca 20-30 minuter.

l) Använd en vass kniv eller ett rakblad och gör diagonala snedstreck över toppen av ciabattan. Detta hjälper dem att expandera och utveckla den klassiska ciabatta-looken.
m) För försiktigt över ciabattan till den förvärmda ugnen, antingen direkt på bakstenen eller på den varma bakplåten. Var försiktig när du öppnar ugnen; det är varmt!
n) Grädda i cirka 25-30 minuter, eller tills ciabattan är gyllenbrun och låter ihålig när du knackar på botten.
o) Låt ciabattan svalna på galler innan den skivas och serveras.
p) Njut av din hemmagjorda soltorkade tomat och basilika fullkornsciabatta med de härliga smakerna av soltorkade tomater och färsk basilika!

47.och örtfullkornsciabatta

INGREDIENSER:
- 1 1/2 koppar varmt vatten (110°F eller 45°C)
- 2 1/4 tsk aktiv torrjäst (1 paket)
- 1 tsk socker
- 3 1/2 dl fullkornsmjöl
- 1 1/2 tsk salt
- 1 msk olivolja
- 1/2 kopp urkärnade gröna eller svarta oliver, hackade
- 2 matskedar färska örter (som rosmarin, timjan eller oregano), hackade
- Majsmjöl eller mannagryn (för att pudra)

INSTRUKTIONER:
a) I en liten skål, kombinera det varma vattnet, jäst och socker. Låt stå i ca 5-10 minuter tills blandningen blir skum.
b) Kombinera hela vetemjölet och saltet i en stor mixerskål. Gör en brunn i mitten av mjölblandningen.
c) Häll jästblandningen och olivoljan i brunnen i mjölet.
d) Rör ihop ingredienserna tills en deg bildas.
e) Knåda degen på mjölat underlag i ca 8-10 minuter tills den blir slät och elastisk. Du kan tillsätta lite mer mjöl om degen är för kladdig.
f) Lägg degen i en lätt oljad bunke, täck den med en ren trasa eller plastfolie och låt den jäsa på en varm, dragfri plats i ca 1 timme eller tills den har dubbelt så stor storlek.
g) Värm ugnen till 450°F (230°C). Placera en baksten eller en omvänd plåt i ugnen när den förvärms. Om du har en pizzasten fungerar den utmärkt för att baka ciabatta.
h) Stansa ner degen och dela den i två lika stora delar.
i) Rulla varje portion till en lång, tunn ciabattaform. Du kan använda händerna för att forma degen eller kavla ut den på en mjölad yta och sedan överföra den till ett bakplåtspapper eller pizzaskal pudrat med majsmjöl eller mannagryn.
j) Strö de hackade oliverna och de färska örterna jämnt över toppen av varje ciabatta och tryck ut dem försiktigt i degen.
k) Täck de formade ciabattan med en ren trasa och låt dem jäsa igen i ca 20-30 minuter.

l) Använd en vass kniv eller ett rakblad och gör diagonala snedstreck över toppen av ciabattan. Detta hjälper dem att expandera och utveckla den klassiska ciabatta-looken.

m) För försiktigt över ciabattan till den förvärmda ugnen, antingen direkt på bakstenen eller på den varma bakplåten. Var försiktig när du öppnar ugnen; det är varmt!

n) Grädda i cirka 25-30 minuter, eller tills ciabattan är gyllenbrun och låter ihålig när du knackar på botten.

o) Låt ciabattan svalna på galler innan den skivas och serveras.

p) Njut av din hemgjorda oliv- och örtfullkornsciabatta med underbara smaker av oliver och färska örter!

48. Jalapeño Helvete Ciabatta

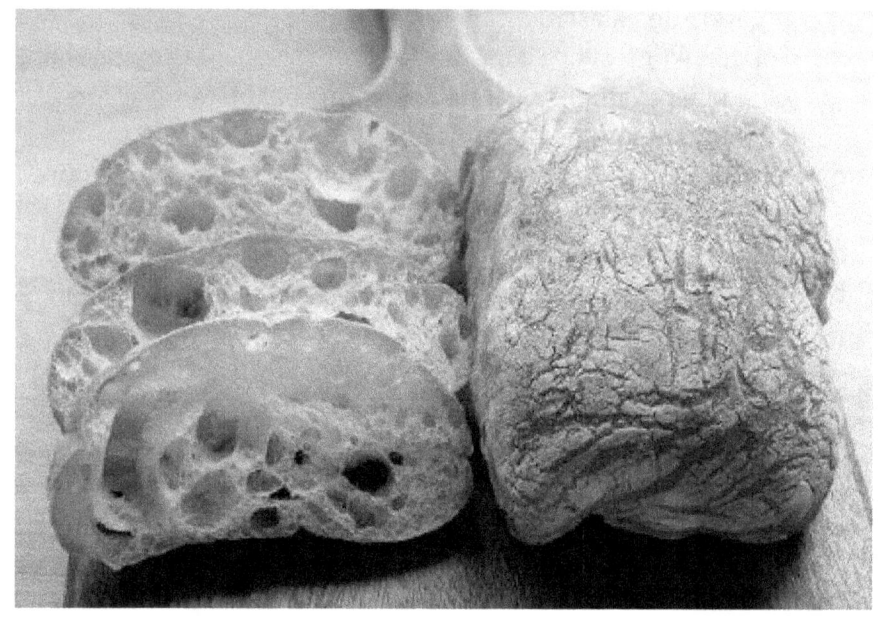

INGREDIENSER:

- 1 1/2 koppar varmt vatten (110°F eller 45°C)
- 2 1/4 tsk aktiv torrjäst (1 paket)
- 1 tsk socker
- 3 1/2 dl fullkornsmjöl
- 1 1/2 tsk salt
- 2 jalapeñopeppar, kärnade och finhackade
- 1 msk olivolja
- Majsmjöl eller mannagryn (för att pudra)

INSTRUKTIONER:

a) I en liten skål, kombinera det varma vattnet, jäst och socker. Låt stå i ca 5-10 minuter tills blandningen blir skum.
b) Kombinera hela vetemjölet och saltet i en stor mixerskål. Gör en brunn i mitten av mjölblandningen.
c) Häll jästblandningen och olivoljan i brunnen i mjölet.
d) Rör ihop ingredienserna tills en deg bildas.
e) Knåda degen på mjölat underlag i ca 8-10 minuter tills den blir slät och elastisk. Du kan tillsätta lite mer mjöl om degen är för kladdig.
f) Lägg degen i en lätt oljad bunke, täck den med en ren trasa eller plastfolie och låt den jäsa på en varm, dragfri plats i ca 1 timme eller tills den har dubbelt så stor storlek.
g) Värm ugnen till 450°F (230°C). Placera en baksten eller en omvänd plåt i ugnen när den förvärms. Om du har en pizzasten fungerar den utmärkt för att baka ciabatta.
h) Stansa ner degen och dela den i två lika stora delar.
i) Rulla varje portion till en lång, tunn ciabattaform. Du kan använda händerna för att forma degen eller kavla ut den på en mjölad yta och sedan överföra den till ett bakplåtspapper eller pizzaskal pudrat med majsmjöl eller mannagryn.
j) Strö den finhackade jalapeñopepparn jämnt över toppen av varje ciabatta och tryck ut dem försiktigt i degen.
k) Täck de formade ciabattan med en ren trasa och låt dem jäsa igen i ca 20-30 minuter.

l) Använd en vass kniv eller ett rakblad och gör diagonala snedstreck över toppen av ciabattan. Detta hjälper dem att expandera och utveckla den klassiska ciabatta-looken.
m) För försiktigt över ciabattan till den förvärmda ugnen, antingen direkt på bakstenen eller på den varma bakplåten. Var försiktig när du öppnar ugnen; det är varmt!
n) Grädda i cirka 25-30 minuter, eller tills ciabattan är gyllenbrun och låter ihålig när du knackar på botten.
o) Låt ciabattan svalna på galler innan den skivas och serveras.
p) Njut av din hemmagjorda Jalapeño Whole Wheat Ciabatta, med en kick av kryddig smak!

49.Cheddar och gräslök Helvete Ciabatta

INGREDIENSER:
- 1 1/2 koppar varmt vatten (110°F eller 45°C)
- 2 1/4 tsk aktiv torrjäst (1 paket)
- 1 tsk socker
- 3 1/2 dl fullkornsmjöl
- 1 1/2 tsk salt
- 1 msk olivolja
- 1 dl skarp cheddarost, riven
- 1/4 kopp färsk gräslök, hackad
- Majsmjöl eller mannagryn (för att pudra)

INSTRUKTIONER:
a) I en liten skål, kombinera det varma vattnet, jäst och socker. Låt stå i ca 5-10 minuter tills blandningen blir skum.
b) Kombinera hela vetemjölet och saltet i en stor mixerskål. Gör en brunn i mitten av mjölblandningen.
c) Häll jästblandningen och olivoljan i brunnen i mjölet.
d) Rör ihop ingredienserna tills en deg bildas.
e) Knåda degen på mjölat underlag i ca 8-10 minuter tills den blir slät och elastisk. Du kan tillsätta lite mer mjöl om degen är för kladdig.
f) Lägg degen i en lätt oljad bunke, täck den med en ren trasa eller plastfolie och låt den jäsa på en varm, dragfri plats i ca 1 timme eller tills den har dubbelt så stor storlek.
g) Värm ugnen till 450°F (230°C). Placera en baksten eller en omvänd plåt i ugnen när den förvärms. Om du har en pizzasten fungerar den utmärkt för att baka ciabatta.
h) Stansa ner degen och dela den i två lika stora delar.
i) Rulla varje portion till en lång, tunn ciabattaform. Du kan använda händerna för att forma degen eller kavla ut den på en mjölad yta och sedan överföra den till ett bakplåtspapper eller pizzaskal pudrat med majsmjöl eller mannagryn.
j) Strö den rivna cheddarosten och den hackade gräslöken jämnt över toppen av varje ciabatta och tryck ut dem försiktigt i degen.
k) Täck de formade ciabattan med en ren trasa och låt dem jäsa igen i ca 20-30 minuter.

l) Använd en vass kniv eller ett rakblad och gör diagonala snedstreck över toppen av ciabattan. Detta hjälper dem att expandera och utveckla den klassiska ciabatta-looken.

m) För försiktigt över ciabattan till den förvärmda ugnen, antingen direkt på bakstenen eller på den varma bakplåten. Var försiktig när du öppnar ugnen; det är varmt!

n) Grädda i cirka 25-30 minuter, eller tills ciabattan är gyllenbrun och låter ihålig när du knackar på botten.

o) Låt ciabattan svalna på galler innan den skivas och serveras.

p) Njut av din hemgjorda cheddar och gräslök fullkornsciabatta med den välsmakande godheten av cheddarost och färsk gräslök!

50.Pesto och Mozzarella Helvete Ciabatta

INGREDIENSER:
- 1 1/2 koppar varmt vatten (110°F eller 45°C)
- 2 1/4 tsk aktiv torrjäst (1 paket)
- 1 tsk socker
- 3 1/2 dl fullkornsmjöl
- 1 1/2 tsk salt
- 1/4 kopp pestosås
- 1 dl mozzarellaost, strimlad
- Majsmjöl eller mannagryn (för att pudra)

INSTRUKTIONER:
a) I en liten skål, kombinera det varma vattnet, jäst och socker. Låt stå i ca 5-10 minuter tills blandningen blir skum.
b) Kombinera hela vetemjölet och saltet i en stor mixerskål. Gör en brunn i mitten av mjölblandningen.
c) Häll jästblandningen i brunnen i mjölet.
d) Rör ihop ingredienserna tills en deg bildas.
e) Knåda degen på mjölat underlag i ca 8-10 minuter tills den blir slät och elastisk. Du kan tillsätta lite mer mjöl om degen är för kladdig.
f) Lägg degen i en lätt oljad bunke, täck den med en ren trasa eller plastfolie och låt den jäsa på en varm, dragfri plats i ca 1 timme eller tills den har dubbelt så stor storlek.
g) Värm ugnen till 450°F (230°C). Placera en baksten eller en omvänd plåt i ugnen när den förvärms. Om du har en pizzasten fungerar den utmärkt för att baka ciabatta.
h) Stansa ner degen och dela den i två lika stora delar.
i) Rulla varje portion till en lång, tunn ciabattaform. Du kan använda händerna för att forma degen eller kavla ut den på en mjölad yta och sedan överföra den till ett bakplåtspapper eller pizzaskal pudrat med majsmjöl eller mannagryn.
j) Fördela pestosåsen jämnt över toppen av varje ciabatta.
k) Strö den strimlade mozzarellaosten ovanpå peston.
l) Täck de formade ciabattan med en ren trasa och låt dem jäsa igen i ca 20-30 minuter.

m) Använd en vass kniv eller ett rakblad och gör diagonala snedstreck över toppen av ciabattan. Detta hjälper dem att expandera och utveckla den klassiska ciabatta-looken.
n) För försiktigt över ciabattan till den förvärmda ugnen, antingen direkt på bakstenen eller på den varma bakplåten. Var försiktig när du öppnar ugnen; det är varmt!
o) Grädda i cirka 25-30 minuter, eller tills ciabattan är gyllenbrun och låter ihålig när du knackar på botten.
p) Låt ciabattan svalna på galler innan den skivas och serveras.
q) Njut av din hemgjorda Pesto och Mozzarella Whole Wheat Ciabatta, med de underbara smakerna av pesto och sliskig mozzarellaost!

CIABATTA SMÖRGÅR

51.Caprese Ciabatta smörgås

INGREDIENSER:

- 1 ciabattalimpa, halverad på längden
- 2 stora tomater, skivade
- 1 boll färsk mozzarellaost, skivad
- Färska basilikablad
- Balsamico glasyr
- Olivolja
- Salta och peppra efter smak

INSTRUKTIONER:

a) Pensla insidan av varje halva av ciabattalimpan med olivolja.

b) Lägg skivade tomater, mozzarellaost och färska basilikablad på den nedre halvan av ciabattalimpan.

c) Ringla balsamicoglasyr över fyllningen och smaka av med salt och peppar.

d) Lägg den övre halvan av ciabattalimpan över fyllningen för att skapa en smörgås.

e) Skär smörgåsen i enskilda portioner och servera.

52. Grillad kyckling Pesto Ciabatta smörgås

INGREDIENSER:
- 1 ciabattalimpa, halverad på längden
- 2 grillade kycklingbröst, skivade
- 4 msk pestosås
- 1 dl babyspenatblad
- 1 tomat, skivad
- 4 skivor provoloneost

INSTRUKTIONER:
a) Bred pestosås på den nedre halvan av ciabattalimpan.
b) Lägg de grillade kycklingskivorna, babyspenatbladen, tomatskivorna och provoloneosten ovanpå peston.
c) Lägg den övre halvan av ciabattalimpan över fyllningen för att skapa en smörgås.
d) Grilla smörgåsen på paninipress eller grillpanna tills osten smält och brödet är knaprigt.
e) Skär smörgåsen i enskilda portioner och servera varm.

53.Italiensk Ciabatta smörgås

INGREDIENSER:
- 1 ciabattalimpa, halverad på längden
- 4 skivor prosciutto
- 4 skivor salami
- 4 skivor mortadella
- 4 skivor provoloneost
- 1/2 kopp rostad röd paprika, skivad
- 1/4 kopp skivade svarta oliver
- 1/4 kopp skivad pepperoncini
- Olivolja
- Salta och peppra efter smak

INSTRUKTIONER:
a) Pensla insidan av varje halva av ciabattalimpan med olivolja.

b) Lägg prosciutto, salami, mortadella, provoloneost, rostad röd paprika, svarta oliver och pepperoncini på den nedre halvan av ciabattalimpan.

c) Krydda med salt och peppar.

d) Lägg den övre halvan av ciabattalimpan över fyllningen för att skapa en smörgås.

e) Skär smörgåsen i enskilda portioner och servera.

54.Medelhavet Veggie Ciabatta smörgås

INGREDIENSER:
- 1 ciabattalimpa, halverad på längden
- 1/2 kopp hummus
- 1 kopp blandade gröna
- 1/2 kopp skivad gurka
- 1/2 kopp skivad tomat
- 1/4 kopp skivad rödlök
- 1/4 kopp smulad fetaost
- Kalamata oliver, till garnering
- Olivolja
- Salta och peppra efter smak

INSTRUKTIONER:

a) Bred ut hummus på den nedre halvan av ciabattalimpan.

b) Lägg de blandade grönsakerna, skivad gurka, skivad tomat, skivad rödlök och smulad fetaost ovanpå hummusen.

c) Ringla olivolja över fyllningen och smaka av med salt och peppar.

d) Lägg den övre halvan av ciabattalimpan över fyllningen för att skapa en smörgås.

e) Skär smörgåsen i individuella portioner och garnera med Kalamata-oliver före servering.

55.Kalkon Tranbär Ciabatta smörgås

INGREDIENSER:
- 1 ciabattalimpa, halverad på längden
- Skivad kalkonbröst
- Tranbärssås
- Babyspenatblad
- Skivad brieost
- Dijon senap

INSTRUKTIONER:
a) Bred dijonsenap på den nedre halvan av ciabattalimpan.
b) Lägg det skivade kalkonbröstet, tranbärssåsen, babyspenatbladen och skivad brieost ovanpå senapen.
c) Lägg den övre halvan av ciabattalimpan över fyllningen för att skapa en smörgås.
d) Skär smörgåsen i enskilda portioner och servera.

56.Aubergine Parmesan Ciabatta smörgås

INGREDIENSER:
- 1 ciabattalimpa, halverad på längden
- Panerade och stekta aubergineskivor
- Marinad
- Skivad mozzarellaost
- Färska basilikablad

INSTRUKTIONER:
a) Bred marinarasås på den nedre halvan av ciabattalimpan.
b) Lägg de panerade och stekta aubergineskivorna, skivad mozzarellaost och färska basilikablad ovanpå såsen.
c) Lägg den övre halvan av ciabattalimpan över fyllningen för att skapa en smörgås.
d) Skär smörgåsen i enskilda portioner och servera.

57.Rostbiff och pepparrot Ciabatta smörgås

INGREDIENSER:
- 1 ciabattalimpa, halverad på längden
- Tunt skivad rostbiff
- Pepparrotssås
- Ruccola
- Skivad rödlök
- Skivor av schweizisk ost

INSTRUKTIONER:
a) Bred pepparrotssås på den nedre halvan av ciabattalimpan.
b) Lägg tunt skivad rostbiff, ruccola, skivad rödlök och skivor av schweizisk ost ovanpå såsen.
c) Lägg den övre halvan av ciabattalimpan över fyllningen för att skapa en smörgås.
d) Skär smörgåsen i enskilda portioner och servera.

58.Tonfisksallad Ciabatta smörgås

INGREDIENSER:
- 1 ciabattalimpa, halverad på längden
- Tonfisksallad (beredd med konserverad tonfisk, majonnäs, tärnad selleri, tärnad rödlök, salt och peppar)
- Skivad tomat
- Salladsblad
- Skivad avokado

INSTRUKTIONER:
a) Fördela tonfisksallad på den nedre halvan av ciabattalimpan.
b) Lägg skivad tomat, salladsblad och skivad avokadon ovanpå tonfisksalladen.
c) Lägg den övre halvan av ciabattalimpan över fyllningen för att skapa en smörgås.
d) Skär smörgåsen i enskilda portioner och servera.

59.Mozzarella Pesto Veggie Ciabatta smörgås

INGREDIENSER:
- 1 ciabattalimpa, halverad på längden
- Pesto sås
- Skivad färsk mozzarellaost
- Grillade eller rostade grönsaker (som zucchini, paprika och aubergine)
- Färska spenatblad

INSTRUKTIONER:
a) Bred pestosås på den nedre halvan av ciabattalimpan.
b) Lägg den skivade färska mozzarellaosten, grillade eller rostade grönsaker och färska spenatblad ovanpå peston.
c) Lägg den övre halvan av ciabattalimpan över fyllningen för att skapa en smörgås.
d) Skär smörgåsen i enskilda portioner och servera.

60.Rökt lax och färskostsmörgås

INGREDIENSER:
- 1 ciabattalimpa, halverad på längden
- Rökt laxskivor
- Färskost
- Tunt skivad rödlök
- Kapris
- Färsk dill

INSTRUKTIONER:
a) Bred färskost på den nedre halvan av ciabattalimpan.
b) Lägg de rökta laxskivorna, tunt skivad rödlök, kapris och färsk dill ovanpå färskosten.
c) Lägg den övre halvan av ciabattalimpan över fyllningen för att skapa en smörgås.
d) Skär smörgåsen i enskilda portioner och servera.

61. BBQ Pulled Pork Ciabatta Sandwich

INGREDIENSER:
- 1 ciabattalimpa, halverad på längden
- BBQ pulled pork
- Kålsallad
- Ättiksgurka

INSTRUKTIONER:
a) Värm BBQ pulled pork.
b) Varva den uppvärmda BBQ pulled pork och coleslaw på den nedre halvan av ciabattalimpan.
c) Lägg pickles ovanpå coleslawen.
d) Lägg den övre halvan av ciabattalimpan över fyllningen för att skapa en smörgås.
e) Skär smörgåsen i enskilda portioner och servera.

62.Grekisk kyckling Ciabatta smörgås

INGREDIENSER:
- 1 ciabattalimpa, halverad på längden
- Grillat kycklingbröst, skivat
- Tzatzikisås
- Skivad gurka
- Skivad tomat
- Rödlökskivor
- Kalamata oliver
- Smulad fetaost

INSTRUKTIONER:
a) Bred ut tzatzikisås på den nedre halvan av ciabattalimpan.
b) Lägg det skivade grillade kycklingbröstet, skivad gurka, skivad tomat, rödlökskivor, Kalamata-oliver och smulad fetaost ovanpå tzatzikisåsen.
c) Lägg den övre halvan av ciabattalimpan över fyllningen för att skapa en smörgås.
d) Skär smörgåsen i enskilda portioner och servera.

63.Biff och karamelliserad löksmörgås

INGREDIENSER:
- 1 ciabattalimpa, halverad på längden
- Skivad biff (som ribeye eller ryggbiff), tillagad efter dina önskemål
- Karamelliserad lök
- Skivad provoloneost
- Ruccola
- Pepparrotsaioli (majonnäs blandad med beredd pepparrot)

INSTRUKTIONER:

a) Bred pepparrotsaioli på den nedre halvan av ciabattalimpan.

b) Lägg den skivade steken, karamelliserad lök, skivad provoloneost och ruccola ovanpå aioli.

c) Lägg den övre halvan av ciabattalimpan över fyllningen för att skapa en smörgås.

d) Skär smörgåsen i enskilda portioner och servera.

64. Avokado Chicken Caesar Ciabatta smörgås

INGREDIENSER:
- 1 ciabattalimpa, halverad på längden
- Grillat kycklingbröst, skivat
- Romainesallatsblad
- Caesar dressing
- Skivad avokado
- Rakad parmesanost

INSTRUKTIONER:
a) Bred Caesardressing på den nedre halvan av ciabattalimpan.

b) Lägg det grillade kycklingbröstet, romainesallatsbladen, skivad avokado och den rakade parmesanosten ovanpå dressingen.

c) Lägg den övre halvan av ciabattalimpan över fyllningen för att skapa en smörgås.

d) Skär smörgåsen i enskilda portioner och servera.

65.Buffalo Chicken Ciabatta smörgås

INGREDIENSER:
- 1 ciabattalimpa, halverad på längden
- Strimlad buffelkyckling (kokt kyckling slängd i buffelsås)
- Blåmögelostdressing
- Skivad selleri
- Skivad rödlök
- Salladsblad

INSTRUKTIONER:
a) Bred ädelostdressing på den nedre halvan av ciabattalimpan.
b) Varva den strimlade buffelkycklingen, skivad selleri, skivad rödlök och salladsblad ovanpå dressingen.
c) Lägg den övre halvan av ciabattalimpan över fyllningen för att skapa en smörgås.
d) Skär smörgåsen i enskilda portioner och servera.

66.Muffuletta Ciabatta smörgås

INGREDIENSER:
- 1 ciabattalimpa, halverad på längden
- Skivad skinka
- Skivad salami
- Skivad mortadella
- Skivad provoloneost
- Muffuletta olivsallad

INSTRUKTIONER:

a) Lägg skivad skinka, salami, mortadella och provoloneost på den nedre halvan av ciabattalimpan.

b) Fördela muffulettaolivsallad ovanpå osten.

c) Lägg den övre halvan av ciabattalimpan över fyllningen för att skapa en smörgås.

d) Skär smörgåsen i enskilda portioner och servera.

67. Glaserad Portobellosvampsmörgås

INGREDIENSER:
- 1 ciabattalimpa, halverad på längden
- Portobellosvamp, stjälkar borttagna
- Balsamico glasyr
- Olivolja
- Vitlöksklyftor, hackade
- Babyspenatblad
- Skivad röd paprika
- Skivad provoloneost

INSTRUKTIONER:
a) Värm ugnen till 400°F (200°C).
b) Pensla portobellosvamp med olivolja och hackad vitlök. Rosta dem i 15-20 minuter tills de är mjuka.
c) Ringla balsamicoglasyr över svampen.
d) Lägg de rostade svamparna, babyspenatbladen, skivad röd paprika och provoloneosten på den nedre halvan av ciabattalimpan.
e) Lägg den övre halvan av ciabattalimpan över fyllningen för att skapa en smörgås.
f) Skär smörgåsen i enskilda portioner och servera.

68.Tofu Banh Mi Ciabatta smörgås

INGREDIENSER:
- 1 ciabattalimpa, halverad på längden
- Bakade eller stekta tofuskivor
- Inlagda morötter och daikonrädisa
- Skivad gurka
- Skivad jalapeños
- Färska korianderblad
- Vegansk majonnäs
- Sriracha sås

INSTRUKTIONER:

a) Bred vegansk majonnäs och srirachasås på den nedre halvan av ciabattalimpan.

b) Lägg de bakade eller stekta tofuskivorna, inlagda morötterna och daikonrädisan, skivad gurka, skivade jalapeños och färska korianderblad ovanpå såsen.

c) Lägg den övre halvan av ciabattalimpan över fyllningen för att skapa en smörgås.

d) Skär smörgåsen i enskilda portioner och servera.

69. Italiensk korv och paprika Ciabatta smörgås

INGREDIENSER:
- 1 ciabattalimpa, halverad på längden
- Italienska korvlänkar, tillagade och skivade
- Sauterade paprika och lök
- Marinad
- Skivad provoloneost

INSTRUKTIONER:
a) Bred marinarasås på den nedre halvan av ciabattalimpan.
b) Lägg de kokta italienska korvskivorna, sauterade paprika och lök, och skivad provoloneost ovanpå såsen.
c) Lägg den övre halvan av ciabattalimpan över fyllningen för att skapa en smörgås.
d) Skär smörgåsen i enskilda portioner och servera.

70.Ciabatta Steak Sandwich

INGREDIENSER:
- 1 (2 pund) London stek
- 1 msk olivolja
- 1 msk stekkrydda
- 2 matskedar pesto
- 1/4 kopp majonnäs
- 4 ciabattarullar, skivade till 1/2 på längden
- 3 plommontomater, skivade

INSTRUKTIONER:
a) Värm grillen till medelvärme.
b) Pensla London broil med olivolja och krydda med stekkrydda. Lägg på grillen. Grilla 3 till 5 minuter per sida, beroende på tjocklek och preferenser. När det är klart, låt vila i 5 minuter och skär sedan på förspänningen.
c) I en liten skål, kombinera pesto och majonnäs.
d) Fördela majonnäsblandningen på den nedre halvan av varje ciabatta.
e) Toppa med tomatskivor och kött. Täck med de övre halvorna och servera.

71. Ciabatta Prosciutto Smörgås

INGREDIENSER:
- 4 limpor ciabattabröd, små
- 2 msk olivolja
- ¾ lb prosciutto, delad
- 1 kopp tomater, skivade, delade
- 1 kopp ruccola, tvättad och torkad, delad
- 1 dl majonnäs, delad

INSTRUKTIONER:
a) Börja med att dela varje ciabatta på mitten så att du har en över- och bottenbit.
b) Pensla lätt insidan av varje bit ciabatta med olivolja.
c) Lägg skivorna på en plåt och grädda dem i ugnen i 7 minuter. Detta kan också göras genom att rosta den oljeborstade sidan av brödet på en stekpanna på medelvärme i 2 minuter eller tills det är lätt brunt.
d) På varje bottenbit av ciabatta, lägg ett lager ruccola, tomatskivor och sedan prosciutto.
e) Toppa med majonnäs eller senapspålägg om du föredrar det.
f) Lägg den andra hälften av ciabattabrödet ovanpå prosciutton för att göra smörgåsen färdig.
g) Upprepa processen tills alla 4 bröden är fyllda med alla ingredienser.
h) Servera och njut!

FYLLD CIABATTA

72. Caprese fylld Ciabatta

INGREDIENSER:
- 1 ciabatta
- 8 uns färsk mozzarella, skivad
- 1 dl körsbärstomater, halverade
- Färska basilikablad
- Balsamico glasyr

INSTRUKTIONER:
a) Dela ciabattan i halvor på längden.
b) Håla ur insidan av ciabattan för att skapa ett utrymme för fyllningen.
c) Varva den färska mozzarellan, körsbärstomaterna och basilikabladen inuti ciabattan.
d) Ringla över balsamicoglasyr.
e) Lägg den andra halvan av ciabattan ovanpå och tryck till försiktigt.
f) Skiva och servera.

73.Spenat och kronärtskocka fylld Ciabatta

INGREDIENSER:
- 1 ciabatta
- 1 (10-ounce) paket fryst spenat, tinad och pressad torr
- 1 (14-ounce) burk kronärtskockshjärtan, avrunnen och hackad
- 1 kopp majonnäs
- 1 dl riven parmesanost
- 1 dl riven mozzarellaost
- 2 vitlöksklyftor, hackade

INSTRUKTIONER:
a) Värm ugnen till 350°F (175°C).
b) Dela ciabattan på mitten på längden och urholka insidan.
c) Kombinera spenaten, hackade kronärtskockshjärtan, majonnäs, parmesanost, mozzarellaost och hackad vitlök i en blandningsskål.
d) Häll ner blandningen i den ihåliga ciabattan.
e) Slå in den fyllda ciabattan i aluminiumfolie och grädda i ca 25-30 minuter, eller tills fyllningen är varm och bubblig.
f) Packa upp, skiva och servera.

74.Medelhavsfylld Ciabatta

INGREDIENSER:
- 1 ciabatta
- Hummus
- Rostad röd paprika, skivad
- Oliver (Kalamata eller svarta), skivade
- Fetaost, smulad
- Färsk ruccola

INSTRUKTIONER:
a) Dela ciabattan i halvor på längden.
b) Bred ut ett rejält lager hummus på båda sidor.
c) Varva rostad röd paprika, oliver och smulad fetaost på ena sidan av ciabattan.
d) Toppa med färsk ruccola.
e) Lägg den andra halvan av ciabattan ovanpå och tryck till försiktigt.
f) Skiva och servera.

75. Ciabatta bröd med tre ostar

INGREDIENSER:
- 1 ciabattalimpa
- 1 dl riven mozzarellaost
- 1/2 kopp riven parmesanost
- 1/2 dl smulad fetaost
- 2 vitlöksklyftor, hackade
- 1/4 kopp hackad färsk persilja
- 1/4 kopp olivolja

INSTRUKTIONER:
a) Värm ugnen till 375°F (190°C).
b) Dela ciabattalimpan på mitten på längden och lägg båda halvorna på en plåt.
c) I en liten skål, blanda ihop hackad vitlök, hackad persilja och olivolja.
d) Pensla vitlök- och persiljeblandningen jämnt över båda halvorna av ciabattalimpan.
e) Strö den strimlade mozzarellan, riven parmesan och smulad fetaost jämnt över brödets topp.
f) Grädda i den förvärmda ugnen i 10-15 minuter, eller tills osten är smält och bubblig och brödet är gyllenbrunt.
g) Ta ut ur ugnen, skiva och servera varm.

76. Italiensk köttbulle fylld Ciabatta

INGREDIENSER:
- 1 ciabatta
- Mini köttbullar (förkokta)
- Marinad
- Mozzarellaost, strimlad

INSTRUKTIONER:
a) Dela ciabattan i halvor på längden.
b) Hetta upp miniköttbullarna och marinarasåsen i en kastrull.
c) Häll ner köttbullarna och såsen i ciabattan.
d) Strö över riven mozzarellaost.
e) Lägg den andra halvan av ciabattan ovanpå och tryck till försiktigt.
f) Skiva och servera.

77.Cajun räkor fyllda Ciabatta

INGREDIENSER:
- 1 ciabatta
- 1 pund stora räkor, skalade och deveirade
- 2 msk Cajun-krydda
- 2 matskedar smör
- 1/2 kopp majonnäs
- 2 vitlöksklyftor, hackade
- 1 msk citronsaft
- Skivad sallad
- Skivade tomater

INSTRUKTIONER:
a) Dela ciabattan i halvor på längden.
b) Kasta räkorna med Cajun-krydda.
c) Smält smöret i en stekpanna och fräs räkorna tills de är kokta, cirka 2-3 minuter per sida.
d) Blanda majonnäs, hackad vitlök och citronsaft i en liten skål.
e) Bred ut vitlöksmajonon på insidan av ciabattan.
f) Lägg de kokta räkorna på den nedre halvan av ciabattan.
g) Toppa med skivad sallad och tomater.
h) Lägg den andra halvan av ciabattan ovanpå och tryck till försiktigt.
i) Skiva och servera.

78.Spenat och kronärtskocka Cheesy Ciabatta bröd

INGREDIENSER:
- 1 ciabattalimpa
- 1 dl riven mozzarellaost
- 1/2 dl riven parmesanost
- 1/2 kopp hackad kokt spenat (avrinning väl)
- 1/2 kopp hackade marinerade kronärtskockshjärtan (avrunna väl)
- 2 vitlöksklyftor, hackade
- 1/4 kopp majonnäs

INSTRUKTIONER:
a) Värm ugnen till 375°F (190°C).
b) Dela ciabattalimpan på mitten på längden och lägg båda halvorna på en plåt.
c) Blanda den hackade vitlöken och majonnäsen i en liten skål.
d) Fördela vitlöksmajonnäsen jämnt över båda halvorna av ciabattalimpan.
e) Strö den strimlade mozzarellan och den rivna parmesanosten jämnt över brödets topp.
f) Fördela den hackade spenaten och de hackade kronärtskockshjärtan jämnt över osten.
g) Grädda i den förvärmda ugnen i 10-15 minuter, eller tills osten är smält och bubblig och brödet är gyllenbrunt.
h) Ta ut ur ugnen, skiva och servera varm.

79.BBQ Pulled Pork Fylld Ciabatta

INGREDIENSER:
- 1 ciabatta
- 2 koppar pulled pork
- 1 kopp coleslaw
- BBQ sås

INSTRUKTIONER:
a) Dela ciabattan i halvor på längden.
b) Värm pulled pork.
c) Fyll ciabattan med varma pulled pork.
d) Toppa med coleslaw.
e) Ringla över BBQ-sås.
f) Lägg den andra halvan av ciabattan ovanpå och tryck till försiktigt.
g) Skiva och servera.

80. Kyckling Caesar fylld Ciabatta

INGREDIENSER:
- 1 ciabatta
- Grillat kycklingbröst, skivat
- Romainesallat, hackad
- Caesar dressing
- Riven parmesanost

INSTRUKTIONER:
a) Dela ciabattan i halvor på längden.
b) Bred ut Caesardressing på båda sidor av ciabattan.
c) Lägg den skivade grillade kycklingen i lager på den nedre halvan.
d) Toppa med hackad romansallad och riven parmesanost.
e) Lägg den andra halvan av ciabattan ovanpå och tryck till försiktigt.
f) Skiva och servera.

81.Ostig vitlöksört Ciabatta bröd

INGREDIENSER:
- 1 ciabattalimpa
- 1/2 kopp strimlad mozzarellaost
- 1/2 kopp strimlad cheddarost
- 1/4 kopp riven parmesanost
- 3 vitlöksklyftor, hackade
- 2 msk hackad färsk persilja
- 1/4 kopp osaltat smör, smält

INSTRUKTIONER:
a) Värm ugnen till 375°F (190°C).
b) Dela ciabattalimpan på mitten på längden och lägg båda halvorna på en plåt.
c) I en liten skål, blanda ihop hackad vitlök, hackad persilja och smält smör.
d) Pensla vitlök och persiljesmör jämnt över båda halvorna av ciabattalimpan.
e) Strö strimlad mozzarella, strimlad cheddar och riven parmesanost jämnt över toppen av brödet.
f) Grädda i den förvärmda ugnen i 10-15 minuter, eller tills osten är smält och bubblig och brödet är gyllenbrunt.
g) Ta ut ur ugnen, skiva och servera varm.

82.Tacofylld Ciabatta

INGREDIENSER:
- 1 ciabatta
- Nötfärs eller kalkon, tillagad och kryddad med tacokrydda
- Salsa
- Guacamole
- Gräddfil
- Strimlad sallad
- Tärnade tomater

INSTRUKTIONER:
a) Dela ciabattan i halvor på längden.
b) Fyll med kokt och kryddat nötfärs eller kalkon.
c) Toppa med salsa, guacamole, gräddfil, strimlad sallad och tärnade tomater.
d) Lägg den andra halvan av ciabattan ovanpå och tryck till försiktigt.
e) Skiva och servera.

83. Rostbiff och pepparrot fylld Ciabatta

INGREDIENSER:
- 1 ciabatta
- Skivad rostbiff
- Pepparrotssås
- schweizerost, skivad
- Rödlök, tunt skivad
- Ruccola

INSTRUKTIONER:
a) Dela ciabattan i halvor på längden.
b) Bred pepparrotssås på båda sidor av ciabattan.
c) Varva skivad rostbiff, schweizisk ost, rödlök och ruccola på den nedre halvan.
d) Lägg den andra halvan av ciabattan ovanpå och tryck till försiktigt.
e) Skiva och servera.

84.Buffalo Chicken Fylld Ciabatta

INGREDIENSER:
- 1 ciabatta
- Kokt och strimlad kyckling (kryddad med buffelsås)
- Blåmögelostdressing
- Skivad selleri
- Skivad salladslök

INSTRUKTIONER:
a) Dela ciabattan i halvor på längden.
b) Kasta den kokta och strimlade kycklingen i buffelsås.
c) Bred ädelostdressing på båda sidor av ciabattan.
d) Lägg buffelkycklingen i lager på den nedre halvan.
e) Toppa med skivad selleri och salladslök.
f) Lägg den andra halvan av ciabattan ovanpå och tryck till försiktigt.
g) Skiva och servera.

85. Pesto kyckling fylld Ciabatta

INGREDIENSER:
- 1 ciabatta
- Grillat kycklingbröst, skivat
- Pesto sås
- Skivad rostad röd paprika
- Mozzarellaost, strimlad

INSTRUKTIONER:
a) Dela ciabattan i halvor på längden.
b) Bred pestosås på båda sidor av ciabattan.
c) Lägg den skivade grillade kycklingen i lager på den nedre halvan.
d) Toppa med skivad rostad röd paprika och strimlad mozzarellaost.
e) Lägg den andra halvan av ciabattan ovanpå och tryck till försiktigt.
f) Skiva och servera.

86.Jalapeño Popper Cheesy Ciabatta bröd

INGREDIENSER:
- 1 ciabattalimpa
- 1 dl riven mozzarellaost
- 1/2 kopp strimlad cheddarost
- 1/4 kopp färskost, uppmjukad
- 2-3 jalapeños, kärnade och tärnade
- 2 vitlöksklyftor, hackade
- 2 matskedar hackad färsk koriander (valfritt)

INSTRUKTIONER:
a) Värm ugnen till 375°F (190°C).
b) Dela ciabattalimpan på mitten på längden och lägg båda halvorna på en plåt.
c) I en liten skål, blanda ihop den mjukgjorda färskosten, hackad vitlök, tärnad jalapeños och hackad koriander.
d) Fördela färskostblandningen jämnt över båda halvorna av ciabattalimpan.
e) Strö den strimlade mozzarellan och den rivna cheddarosten jämnt över toppen av brödet.
f) Grädda i den förvärmda ugnen i 10-15 minuter, eller tills osten är smält och bubblig och brödet är gyllenbrunt.
g) Ta ut ur ugnen, skiva och servera varm.

87.Rökt lax och färskost Ciabatta

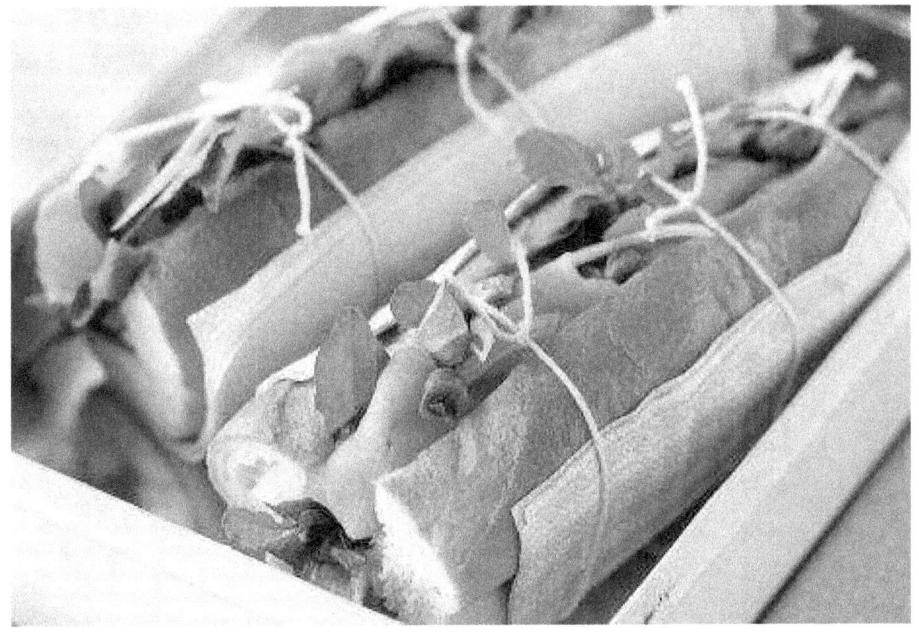

INGREDIENSER:
- 1 ciabatta
- Rökt laxskivor
- Färskost
- Skivad rödlök
- Kapris
- Färsk dill

INSTRUKTIONER:
a) Dela ciabattan i halvor på längden.
b) Fördela färskost på båda sidor av ciabattan.
c) Varva rökt lax på den nedre halvan.
d) Toppa med skivad rödlök, kapris och färsk dill.
e) Lägg den andra halvan av ciabattan ovanpå och tryck till försiktigt.
f) Skiva och servera.

88.BLT fylld Ciabatta

INGREDIENSER:
- 1 ciabatta
- Bacon, tillagat och smulat
- Skivade tomater
- Salladsblad
- Majonnäs

INSTRUKTIONER:
a) Dela ciabattan i halvor på längden.
b) Bred ut majonnäs på båda sidor av ciabattan.
c) Varva bacon, skivade tomater och sallad på den nedre halvan.
d) Lägg den andra halvan av ciabattan ovanpå och tryck till försiktigt.
e) Skiva och servera.

89.Äggsallad fylld Ciabatta

INGREDIENSER:

- 1 ciabatta
- Äggsallad (gjord med hårdkokta ägg, majonnäs, senap och kryddor)
- Salladsblad
- Skivad pickles

INSTRUKTIONER:

a) Dela ciabattan i halvor på längden.
b) Bred ut ett lager äggsallad på den nedre halvan.
c) Toppa med salladsblad och skivad saltgurka.
d) Lägg den andra halvan av ciabattan ovanpå och tryck till försiktigt.
e) Skiva och servera.

90.Veggie och hummus fylld Ciabatta

INGREDIENSER:
- 1 ciabatta
- Hummus
- Skivad gurka
- Skivad paprika
- Skivad rödlök
- Skivade svarta oliver
- Salladsblad

INSTRUKTIONER:
a) Dela ciabattan i halvor på längden.
b) Bred ut ett lager hummus på båda sidor av ciabattan.
c) Varva skivad gurka, paprika, rödlök, svarta oliver och sallad på den nedre halvan.
d) Lägg den andra halvan av ciabattan ovanpå och tryck till försiktigt.
e) Skiva och servera.

91. Jordgubbe Ciabatta

INGREDIENSER:
- 1 ciabatta
- 1 dl färska jordgubbar, skivade
- 8 oz färskost, mjukad
- 2 matskedar strösocker
- 1 tsk vaniljextrakt
- Skal av 1 citron
- Färska myntablad för garnering (valfritt)

INSTRUKTIONER:
a) Värm ugnen till 350°F (175°C).
b) Dela ciabattan i halvor på längden, skapa två halvor.
c) Lägg ciabattahalvorna på en plåt och rosta dem i den förvärmda ugnen i cirka 5 minuter eller tills de är lätt krispiga. Du kan hoppa över detta steg om du föredrar en mjukare ciabatta.
d) Kombinera den mjuka färskosten, strösockret, vaniljextraktet och citronskalet i en mixerskål. Blanda tills det är slätt och väl kombinerat.
e) När ciabattahalvorna är färdigrostade, låt dem svalna i några minuter.
f) Fördela färskostblandningen jämnt över de skurna sidorna av ciabattan.
g) Lägg de skivade jordgubbarna ovanpå färskostlagret.
h) Om så önskas, garnera med färska myntablad för en pop av färg och smak.
i) Lägg ihop de två ciabattahalvorna till en smörgås.
j) Använd en vass kniv och skiva ciabattan i enskilda portioner.
k) Servera din Strawberry Ciabatta och njut!

92.Fig Ciabatta

INGREDIENSER:
- 1 ciabatta
- 8-10 färska fikon, skivade
- 4 oz getost eller färskost
- 2-3 matskedar honung
- Färska rosmarinblad för garnering (valfritt)

INSTRUKTIONER:
a) Värm ugnen till 350°F (175°C).
b) Dela ciabattan i halvor på längden, skapa två halvor.
c) Lägg ciabattahalvorna på en plåt och rosta dem i den förvärmda ugnen i cirka 5 minuter eller tills de är lätt krispiga. Du kan hoppa över detta steg om du föredrar en mjukare ciabatta.
d) Medan ciabattan rostar, tvätta och skiva de färska fikonen.
e) När ciabattahalvorna är färdigrostade, låt dem svalna i några minuter.
f) Fördela getosten eller färskosten jämnt över de skurna sidorna av ciabattan.
g) Ordna de skivade fikonen ovanpå ostlagret.
h) Ringla honung över fikonen. Mängden honung kan justeras efter din smak.
i) Om så önskas, garnera med färska rosmarinblad för en doftande touch.
j) Lägg ihop de två ciabattahalvorna till en smörgås.
k) Använd en vass kniv och skiva ciabattan i enskilda portioner.
l) Servera din Fig Ciabatta och njut!

93.Äppel Ciabatta

INGREDIENSER:
- 1 ciabatta
- 2-3 äpplen, tunt skivade (använd din favoritsort)
- 4 oz brieost eller färskost
- 2 matskedar honung
- 1/4 kopp hackade valnötter (valfritt)
- Färska timjanblad för garnering (valfritt)

INSTRUKTIONER:
a) Värm ugnen till 350°F (175°C).
b) Dela ciabattan i halvor på längden, skapa två halvor.
c) Lägg ciabattahalvorna på en plåt och rosta dem i den förvärmda ugnen i cirka 5 minuter eller tills de är lätt krispiga. Du kan hoppa över detta steg om du föredrar en mjukare ciabatta.
d) Medan ciabattan rostar, tvätta, kärna ur och skär äpplena tunt.
e) När ciabattahalvorna är färdigrostade, låt dem svalna i några minuter.
f) Fördela brieosten eller färskosten jämnt över de skurna sidorna av ciabattan.
g) Lägg de skivade äpplena ovanpå ostlagret.
h) Ringla honung över äpplena. Justera mängden honung till önskad sötma.
i) Om du vill, strö hackade valnötter ovanpå äpplena för en härlig crunch.
j) Om du har färska timjanblad, garnera din Apple Ciabatta med några timjankvistar för extra smak.
k) Lägg ihop de två ciabattahalvorna till en smörgås.
l) Använd en vass kniv och skiva ciabattan i enskilda portioner.
m) Servera din Apple Ciabatta och njut!

94.Persika och basilika Ciabatta

INGREDIENSER:
- 1 ciabatta
- 2-3 mogna persikor, tunt skivade
- 4 oz färsk mozzarellaost, skivad
- Färska basilikablad
- 2 matskedar extra virgin olivolja
- 1 msk balsamvinäger
- Salt och svartpeppar efter smak

INSTRUKTIONER:
a) Värm ugnen till 350°F (175°C).
b) Dela ciabattan i halvor på längden, skapa två halvor.
c) Lägg ciabattahalvorna på en plåt och rosta dem i den förvärmda ugnen i cirka 5 minuter eller tills de är lätt krispiga. Du kan hoppa över detta steg om du föredrar en mjukare ciabatta.
d) Medan ciabattan rostar, tvätta och skiva de mogna persikorna tunt.
e) När ciabattahalvorna är färdigrostade, låt dem svalna i några minuter.
f) Lägg de färska mozzarellaskivorna på ena halvan av ciabattan.
g) Lägg de skivade persikorna ovanpå mozzarellan.
h) Riv de färska basilikabladen och strö över persikorna.
i) Ringla extra jungfruolja och balsamvinäger över persika- och basilikaskiktet.
j) Krydda med en nypa salt och nymalen svartpeppar efter smak.
k) Lägg den andra hälften av ciabattan ovanpå för att skapa en smörgås.
l) Använd en vass kniv och skiva ciabattan i enskilda portioner.
m) Servera din persika och basilika Ciabatta och njut!

95.Hallon- och getost Ciabatta

INGREDIENSER:

- 1 ciabatta
- 4 oz getost
- 1 kopp färska hallon
- 2 matskedar honung
- Färska myntablad (valfritt, för garnering)

INSTRUKTIONER:

a) Värm ugnen till 350°F (175°C).
b) Dela ciabattan i halvor på längden, skapa två halvor.
c) Lägg ciabattahalvorna på en plåt och rosta dem i den förvärmda ugnen i cirka 5 minuter eller tills de är lätt krispiga. Du kan hoppa över detta steg om du föredrar en mjukare ciabatta.
d) Medan ciabattan rostar, tvätta de färska hallonen.
e) När ciabattahalvorna är färdigrostade, låt dem svalna i några minuter.
f) Fördela getosten jämnt över de skurna sidorna av ciabattan.
g) Strö ut de färska hallonen över getostlagret.
h) Ringla honung över hallonen. Du kan justera mängden honung till önskad sötma.
i) Om så önskas, garnera med färska myntablad för en pop av färg och tillsatt smak.
j) Lägg ihop de två ciabattahalvorna till en smörgås.
k) Använd en vass kniv och skiva ciabattan i enskilda portioner.
l) Servera din hallon- och getost Ciabatta och njut!

96. Grape och Gorgonzola Ciabatta

INGREDIENSER:

- 1 ciabatta
- 4 oz Gorgonzola ost
- 1 kopp kärnfria röda eller svarta druvor, halverade
- 2 matskedar honung
- Färska timjanblad (valfritt, för garnering)

INSTRUKTIONER:

a) Värm ugnen till 350°F (175°C).
b) Dela ciabattan i halvor på längden, skapa två halvor.
c) Lägg ciabattahalvorna på en plåt och rosta dem i den förvärmda ugnen i cirka 5 minuter eller tills de är lätt krispiga. Du kan hoppa över detta steg om du föredrar en mjukare ciabatta.
d) Medan ciabattan rostar, tvätta och halvera de kärnfria druvorna.
e) När ciabattahalvorna är färdigrostade, låt dem svalna i några minuter.
f) Fördela Gorgonzola-osten jämnt över de skurna sidorna av ciabattan.
g) Ordna de halverade druvorna ovanpå Gorgonzola-lagret.
h) Ringla honung över druvorna och osten. Du kan justera mängden honung till önskad sötma.
i) Om så önskas, garnera med färska timjanblad för en doftande touch.
j) Lägg ihop de två ciabattahalvorna till en smörgås.
k) Använd en vass kniv och skiva ciabattan i enskilda portioner.
l) Servera din Grape och Gorgonzola Ciabatta och njut!

97. Päron och valnöt Ciabatta

INGREDIENSER:
- 1 ciabatta
- 2 mogna päron, tunt skivade
- 1/2 kopp hackade valnötter
- 4 oz ädelost eller getost
- 2 matskedar honung
- Färska timjanblad (valfritt, för garnering)

INSTRUKTIONER:
a) Värm ugnen till 350°F (175°C).
b) Dela ciabattan i halvor på längden, skapa två halvor.
c) Lägg ciabattahalvorna på en plåt och rosta dem i den förvärmda ugnen i cirka 5 minuter eller tills de är lätt krispiga. Du kan hoppa över detta steg om du föredrar en mjukare ciabatta.
d) Medan ciabattan rostar, skala, kärna ur och skär de mogna päronen tunt.
e) När ciabattahalvorna är färdigrostade, låt dem svalna i några minuter.
f) Fördela ädelosten eller getosten jämnt över de skurna sidorna av ciabattan.
g) Lägg de skivade päronen ovanpå ostlagret.
h) Strö de hackade valnötterna över päronen.
i) Ringla honung över päronen och valnötterna. Du kan justera mängden honung till önskad sötma.
j) Om så önskas, garnera med färska timjanblad för extra smak.
k) Lägg ihop de två ciabattahalvorna till en smörgås.
l) Använd en vass kniv och skiva ciabattan i enskilda portioner.
m) Servera din päron- och valnötsciabatta och njut!

98. Mango Ciabatta

INGREDIENSER:
- 1 ciabatta
- 2 mogna mango, skalade, urkärnade och tunt skivade
- 4 oz färskost eller getost
- 2 matskedar honung
- Färska myntablad (valfritt, för garnering)
- 160 gram (5 ounces) strimlad kokt kyckling (valfritt)

INSTRUKTIONER:
a) Värm ugnen till 350°F (175°C).
b) Dela ciabattan i halvor på längden, skapa två halvor.
c) Lägg ciabattahalvorna på en plåt och rosta dem i den förvärmda ugnen i cirka 5 minuter eller tills de är lätt krispiga. Du kan hoppa över detta steg om du föredrar en mjukare ciabatta.
d) Medan ciabattan rostar, skala, kärna ur och skär den mogna mangon tunt.
e) När ciabattahalvorna är färdigrostade, låt dem svalna i några minuter.
f) Fördela färskosten eller getosten jämnt över de skurna sidorna av ciabattan.
g) Ordna skivad mangon och kyckling ovanpå ostskiktet.
h) Ringla honung över mangoskivorna. Du kan justera mängden honung till önskad sötma.
i) Om så önskas, garnera med färska myntablad för en pop av färg och tillsatt smak.
j) Lägg ihop de två ciabattahalvorna till en smörgås.
k) Använd en vass kniv och skiva ciabattan i enskilda portioner.
l) Servera din Mango Ciabatta och njut!

99.Blackberry och Ricotta Ciabatta

INGREDIENSER:
- 1 ciabatta
- 1 dl färska björnbär
- 8 oz ricottaost
- 2 matskedar honung
- Färska basilikablad för garnering (valfritt)

INSTRUKTIONER:
a) Värm ugnen till 350°F (175°C).
b) Dela ciabattan i halvor på längden, skapa två halvor.
c) Lägg ciabattahalvorna på en plåt och rosta dem i den förvärmda ugnen i cirka 5 minuter eller tills de är lätt krispiga. Du kan hoppa över detta steg om du föredrar en mjukare ciabatta.
d) Medan ciabattan rostar, tvätta och torka försiktigt de färska björnbären.
e) När ciabattahalvorna är färdigrostade, låt dem svalna i några minuter.
f) Fördela ricottaosten jämnt över de skurna sidorna av ciabattan.
g) Lägg de färska björnbären ovanpå ricottalagret.
h) Ringla honung över björnbären. Du kan justera mängden honung till önskad sötma.
i) Om så önskas, garnera med färska basilikablad för en pop av färg och tillsatt smak.
j) Lägg ihop de två ciabattahalvorna till en smörgås.
k) Använd en vass kniv och skiva ciabattan i enskilda portioner.
l) Servera din Blackberry och Ricotta Ciabatta och njut!

100.Skinka, ost och örtciabatta

INGREDIENSER:
- 1½ matsked Aktiv torrjäst
- 1½ kopp varmt vatten
- 1 matsked honung
- 4 koppar (ca) oblekt vitt mjöl
- ½ tsk salt
- 4 matskedar olivolja
- 1½ kopp tärnad skinka eller fläsk
- ½ kopp Nyriven parmesanost
- 2 tsk hackad färsk rosmarin
- 2 tsk hackad färsk timjan
- 2 tsk hackad färsk salvia

INSTRUKTIONER:

a) Lägg jästen i en stor mixerskål. Blanda i det varma vattnet och honung och ställ åt sidan på en varm plats i cirka 10 minuter, eller tills jästen är upplöst och börjar bubbla.

b) Sikta gradvis ner mjölet och saltet i jästblandningen, rör hela tiden tills degen börjar dra sig bort från skålens sidor.

c) Strö lite mjöl över en arbetsyta och knåda degen försiktigt i flera minuter. Skär degen på mitten och kavla ut ena halvan till en rektangel (som en rektangulär pizza) ca 14 tum gånger 10 tum. Pensla degen med 1½ msk olivolja.

d) Strö ut hälften av skinkan över ytan, tryck försiktigt in den i degen. Strö hälften av osten ovanpå och strö hälften av örterna och en generös malning av färsk svartpeppar över degen. Rulla försiktigt degen på längden med händerna, till formen av en lång cigarr.

e) Försegla lätt kanterna på degen. Lägg i en väl smord franskbrödsform och täck med en ren kökshandduk.

f) Värm ugnen till 450 grader F.

g) Gör det andra brödet. Placera de två bröden på en torr varm plats och låt de stå täckt i 15 minuter.

h) Strax innan gräddning, pensla bröden lätt med den återstående 1 msk olivolja. Placera i mitten av ugnen och grädda 20 till 25 minuter, eller tills brödet har en gyllenbrun skorpa och låter ihåligt när du knackar på botten.

SLUTSATS

När vi avslutar vår resa genom ciabattabrödets värld hoppas jag att du känner dig inspirerad att kavla upp ärmarna, damma av ditt förkläde och ge dig ut på ditt eget brödbakningsäventyr. "DEN ULTIMATA CIABATTA CRE ATIONSGUIDE" har skapats med en passion för hantverksbakning och ett engagemang för att hjälpa dig uppnå brödbakningsmästarskap i ditt eget kök.

När du fortsätter att utforska konsten att baka ciabattabröd, kom ihåg att den sanna skönheten med detta bröd inte bara ligger i dess sega konsistens och knapriga exteriör utan också i glädjen att dela det med nära och kära. Oavsett om du bryter bröd med familj och vänner, njuter av en lugn stund med en kopp kaffe eller njuter av en dekadent smörgås, kan varje tugga ciabattabröd föra dig närmare de enkla nöjena av hemlagad godhet.

Tack för att du följde med mig på denna kulinariska resa. Må dina ciabattaskapelser alltid vara sega, knapriga och alldeles läckra, och må ditt kök fortsätta att vara en plats för värme, kreativitet och kulinarisk utforskning. Tills vi ses igen, glad bakning och god aptit!